Gerhard Wehr

Christentum und Analytische Psychologie

Die Nachfolge Christi als Verwirklichung des Selbst

Dr. theol. h. c. Gerhard Wehr, geb. 1931 in Schweinfurt. Nach langjähriger Tätigkeit auf verschiedenen Feldern der Diakonie innerhalb der evangelischen Landeskirche Bayerns war er von 1970 bis 1990 Lehrbeauftragter an der Diakonenschule (Fachakademie für Sozialpädagogik) Rummelsberg.
Von ihm liegen zahlreiche Studien zur neueren Geistesgeschichte und zur Analytischen Psychologie C. G. Jungs vor, darunter Biographien über Martin Buber, Rudolf Steiner, Graf Dürckheim, Jean Gebser, Helena P. Blavatsky u. a.
Er ist Herausgeber zahlreicher Schriften zur deutschen Mystik. Ein Großteil seiner Werke ist in mehrere europäische und asiatische Sprachen übersetzt.

Gerhard Wehr

Christentum und Analytische Psychologie

Die Nachfolge Christi als Verwirklichung des Selbst

opus magnum

Bibliografische Information der Deutschen Nationalbibliothek
Die Deutsche Nationalbibliothek verzeichnet diese Publikation in der Deutschen Nationalbibliografie; detaillierte bibliografische Daten sind im Internet über http://dnb.d-nb.de abrufbar.

Neuauflage, Version 2.01
Umschlaggestaltung, Grafik und Layout: Dr. Lutz Müller
Umschlagmotiv: Hieronymos Bosch, Kreuztragung, 1515–1516
Herstellung: Book on Demand GmbH., Norderstedt

ISBN 13: 978-3-939322-09-2

Inhalt

Einleitung

Die Frage nach Christus als Frage nach dem Menschen

Unter den Zeugnissen, die uns von Nicht-Christen über Jesus Christus überliefert sind, kann einem eine einzigartige programmatische Bedeutung zugesprochen werden. Es ist der Ausruf jenes römischen Statthalters Pontius Pilatus, dessen Name im apostolischen Glaubensbekenntnis den welthistorischen Ort der Christuserscheinung kenntlich gemacht hat.

Der von Emotionen und Aggressionen aufgewühlten, irregeleiteten Menge führt Pilatus den dornengekrönten, zur Kreuzigung bereiten Jesus zu und ruft aus: »Idou ho anthropos – siehe, der Mensch!«

Auch wenn der Textzusammenhang in erster Linie auf die erbarmungswürdige Knechtsgestalt des Mannes verweist, der als der Menschensohn mit höchsten religiösen Ansprüchen aufgetreten ist und damit die Paradoxie zwischen Anspruch und Erscheinung seiner Person offenkundig werden ließ, so ist doch die tiefe Symbolik nicht zu übersehen, die in dem Pilatus-Wort liegt. Urbildlich-Archetypisches tritt ins Bild, freilich nur für den sichtbar, aufnehmbar, der nicht nur mit äußeren Sinnen die dramatische Szenenfolge der Passion Jesu betrachtet.

Die Christenheit hat sich den Aspekt zu eigen gemacht, der in den lateinischen Worten »Ecce homo – seht, welch ein Mensch!« zum Ausdruck kommt und vor allem an das fromme Gefühl appelliert. Es ist bekannt, in welch hohem Maße Dichtung und bildende Kunst diese Interpretation des Pilatus-Wortes ins allgemeine Bewusstsein eingeprägt haben. Dabei kann nicht geleugnet werden, dass das Evangelium in seinem innersten Kern die Botschaft von der Menschwerdung enthält und dass Christus nach dem Zeugnis der synoptischen Evangelien (Matthäus, Markus,

Lukas) als der »Menschensohn« zugleich den Prototypus des Menschen schlechthin verkörpert.

Und zwar ist er der Typus jenes Menschen, der erst noch im Werden ist. Dies trifft vor allem auf die Männer und Frauen im Umkreis Jesu zu. Christus-Nachfolge heißt demnach: einen Weg gehen, der durch Passion und (mystischen) Tod hindurch zur Verwandlung in ein neues Leben (griechisch: kaine ktisis, neue Schöpfung) führt.

Die Frage nach Christus umschließt – wo immer sie von der Wurzel her gestellt wird – demnach mehr als nur ein kirchlich-dogmatisches Hauptstück oder ein theologisches Thema. Diese Frage zielt auf den Menschen selbst, auf den einzelnen wie auf die Menschheit. Und diese Zielsetzung ist nicht zu verwechseln mit »Missions«absichten derer, die auf die Vergrößerung der kirchlichen Mitgliederkarteien sinnen. Eine konfessionelle Deutung reicht ebenso wenig hin, die Tiefe dessen, was und wer mit Christus letztlich gemeint ist, auszuloten, wie eine rational-lehrmäßige Begriffsbestimmung. Gleichzeitig muss zugegeben werden, dass die Christus-Frage Probleme aller Art aufwirft.

Wenn in der vorliegenden Schrift aus der Perspektive der Analytischen Psychologie, also von C. G. Jung herkommend, nach Christus gefragt wird, so kann das nur einen Sinn haben, wenn es im Blick auf die Menschwerdung des Menschen geschieht. Gemeint ist ein Prozess der Reifung. Denn eben darin liegt die erregende, immer neu ins Bewusstsein zu erhebende Tatsache, dass im Mittelpunkt der Evangelien nicht etwa Gott – der Gott der Philosophen oder der Theologen – steht, sondern der Mensch, freilich der von Gott angerufene, der von Gott angenommene und geliebte Mensch. Aller Gottes-Dienst ist ein Dienst Gottes in Jesus Christus, dass der Mensch er selbst werde, als einzelner und in der Vielfalt der Beziehungen, durch die er an Mitmensch und Welt gewiesen ist.

Von daher ist der Psychologe – hier: C. G. Jung – zu fragen, welchen Vermittler- oder Handlangerdienst er zu übernehmen vermag und in welchem Maße er mithelfen kann, den Weg zu Christus als einen Weg zum Menschsein zu beschreiten. Dabei wird es viel weniger um bloße theoretische Erwägungen gehen, wie sie etwa für einen Dialog zwischen Theologie und Psychologie nützlich sein mögen. Der Blick wird mehr auf Möglichkeiten religiöser Erfahrung zu richten sein, die sich bald als Christus-Erfahrung, bald als Selbst-Erfahrung – als Erfahrung des wahren Selbst – einstellt. Und gerade das haben Beobachtungen der letzten Jahre gezeigt: Je mehr das Vertrauen gegenüber herkömmlichen Autoritäten und Institutionen abnahm, desto mehr wuchs das Bedürfnis nach eigener geistig-religiöser Erfahrung, nicht zuletzt in der jungen Generation. Das starke Interesse an spirituellen Tatbeständen, an mystischer Religiosität, an meditativer Praxis deutet in diese Richtung, auch wenn man von kurzlebigen Trends und Modeerscheinungen absieht.

Im Zusammenhang dieser Arbeit gilt es zwei Gesichtspunkte zu berücksichtigen: Einmal geht es darum, zu zeigen, welchen besonderen Weg Carl Gustav Jung, der Schöpfer der Analytischen Psychologie, eingeschlagen hat und inwiefern sein Lebensgang Spuren eines Wegs zu Christus aufweist. Die zweite, wichtigere und deshalb ausführlicher zu behandelnde Frage lautet: Inwiefern hat Jung einen Weg zu Christus gewiesen, obwohl er weder als Prediger oder Lehrer noch als christlicher Missionar oder Seelsorger tätig geworden ist, geschweige denn als solcher tätig werden wollte. Eines ist vorweg festzuhalten: Dem Psychologen Jung ging es nie um eine dogmatische Bestimmung des christlichen Glaubens, sondern darum, die Dimension der Erfahrung für den christlichen Glauben zurückzugewinnen.

Mit dieser Thematik schließt diese Schrift an frühere Arbeiten des Verfassers an, in denen allgemeine und spezielle Fragen aus dem Bereich der Analytischen Psychologie sowie angrenzender Gebiete behandelt wurden. Um Wiederholungen zu vermeiden, muss von Fall zu Fall auf diese Publikationen verwiesen werden.[1].

1. Durch das Medium der Seele

Wenn die Psyche des Menschen etwas ist, so ist sie unabsehbar kompliziert und von einer unbeschränkten Mannigfaltigkeit, der mit bloßer Triebpsychologie unmöglich beizukommen ist. Ich kann nur in tiefster Bewunderung und Ehrfurcht anschauend stille stehen vor den Abgründen und Höhen seelischer Natur, deren unräumliche Welt eine unermessliche Fülle von Bildern birgt [...] Das Äquivalent der Welt innen ist nur die Welt außen, und wie ich diese Welt nur durch das Medium des Körpers erreiche, so erreiche ich jene Welt durch das Medium der Seele.

Carl Gustav Jung

Erweiterung der Tiefenpsychologie

Die moderne Tiefenpsychologie, vornean die Psychoanalyse Sigmund Freuds, ist aus der Medizin, also einer naturwissenschaftlich fundierten Disziplin, hervorgewachsen. Als Neurologe suchte er zusammen mit Josef Breuer nach einer brauchbaren Methode der Neurosebehandlung. Dass sich Freuds Ambitionen auf kulturgeschichtliche Zusammenhänge richteten – er war unter anderem archäologisch interessiert, kunstgeschichtlich und literarisch gebildet –, hat sich erst viel später darin niedergeschlagen, dass er psychoanalytische Einsichten auch zur Deutung literarischer, künstlerischer und allgemeinkultureller Erscheinungen heranzog. Selbst die umstrittene religionskritische Schrift »Die Zukunft einer Illusion« (1927) ist in diesem Zusammenhang zu nennen. Sie schließt bekanntlich mit dem ausdrücklichen Hinweis: »Nein, unsere Wissenschaft ist keine Illusion. Eine Illusion aber wäre es zu glauben, dass wir anderswoher bekommen könnten, was sie uns nicht geben kann.«[2] Spricht so nicht einer, der – etwa »aus Religion« – das Religiöse verdrängt? Manches spricht dafür.[3]

C. G. Jung, ehemals Psychiater an der Zürcher Nervenanstalt Burghölzli, stieß zu Freud, eben weil er die medizinisch fruchtbaren Forschungsergebnisse der im Entstehen begriffenen Psychoanalyse prinzipiell bejahte. Er stimmt auch mit den naturwissenschaftlichen Erkenntnisvoraussetzungen des Wiener Meisters weitgehend überein. Das änderte sich nicht, als sich Jung um das Jahr 1912 von Freud trennte, indem er in Theorie und Praxis eigene Wege ging. Mit der Ablehnung der freudschen Sexualtheorie und des einseitigen Libido-Verständnisses in der Psychoanalyse war ihm jedoch bald klar geworden, dass ihr infolge ihrer weltanschaulichen Voraussetzungen jede Möglichkeit fehle, »der unerbittlichen Klammer des biologischen Geschehens« zu entgehen. Damit ist auf Freuds Erkenntnishorizont angespielt.

Das frühe Werk Jungs »Wandlungen und Symbole der Libido« (1912) signalisierte diese Einsicht. Der begriffliche Rahmen, in den Freud die Erscheinungen des gesunden wie des erkrankten seelischen Lebens spannte, war Jung unerträglich erschienen, und zwar wegen dessen »reduktiven Kausalismus seines allgemeinen Standpunktes und des sozusagen vollständigen Außerachtlassens der für alles Psychische so charakteristischen Zielgerichtetheit«.[4]

Einfacher ausgedrückt: Während Freud rückwärts blickt und nach Ursachen fragt, blickt Jung auch nach vorne und lässt Sinnzusammenhänge gelten, ja gerade sie sucht er.

Praktisch hieß das aber, dass Jung für die Begründung der von ihm vertretenen Analytischen Psychologie einen Schritt tun musste, der ihn über das wissenschaftsmaterialistische und rationalistische Vorverständnis Freuds hinausführt. Das durfte zwar nicht die Preisgabe der naturwissenschaftlichen Denkungsart bedeuten, wohl aber deren Erweiterung. Dass eine solche Tiefenpsychologie in der Lage sein würde, in einen fruchtbaren Dialog mit der modernen Physik einzutreten, sollte sich zeigen, als Jung die Ergebnisse seiner gemeinsam mit dem Physiker Wolfgang Pauli unternommenen Studien über »Synchronizität als ein Prinzip akausaler Zusammenhänge«[5] der Öffentlichkeit übergab. Weiter machte er deutlich, dass letztlich nur der der Wirklichkeit der Seele gerecht werde, der deren religiöse Funktion als eine mindestens ebenso unbestreitbare Tatsache zur Kenntnis nimmt wie biologisch-physiologische Tatbestände. Jung tat dies mit dem Hinweis: »Wir Modernen sind darauf angewiesen, den Geist wieder zu erleben, das heißt Urerfahrung zu machen. Dies ist die einzige Möglichkeit, den Zauberkreis des biologischen Geschehens zu durchbrechen.«[6] Dies an seinem Teil mitvollzogen zu haben ist sicher ein wesentliches Verdienst Jungs überhaupt. Es wird jedoch noch zu zeigen sein, wie sich diese Horizonterweiterung für die Einschätzung des Christlichen bei Jung im einzelnen auswirkte.

Zunächst aber ist die ärztliche Zielsetzung und der Wille, dem somatisch-psychisch erkrankten, unter einem akuten Leidensdruck stehenden Menschen zu helfen, auch bei Jung nicht zu übersehen. Wo immer er Gelegenheit dazu fand, hat er auch in späteren Jahren auf die Art seines Lebensauftrags hingewiesen, wenn er etwa sagte: »Ich bin ein Arzt, der es mit der Krankheit des Menschen und seiner Zeit zu tun hat und auf Heilmittel bedacht ist, die der Wirklichkeit des Leidens entsprechen. Psychopathologische Untersuchungen haben mich veranlasst, historische Symbole und Figuren aus dem Staub ihrer Gräber zu erwecken. Ich habe gesehen, dass es nicht genügt, [...] Symptome wegzukurieren.«[7]

Aus Äußerungen wie diesen lässt sich ersehen, unter welchem Vorzeichen letztlich alle seine Aussagen über religiöse Tatbestände im Allgemeinen und über das Christentum im Besonderen stehen. So darf bereits an dieser Stelle hervorgehoben werden, dass er – was zu seinem Schmerz nicht wenige Kritiker übersehen haben – niemals als Theologe oder als Religionsphilosoph sprach, weshalb er sich in der Regel entsprechende Zurückhaltung auferlegte, wo kirchliche Zeitgenossen ein »eindeutigeres, mutigeres Bekenntnis« gewünscht hätten.

Andererseits darf aus der zitierten Selbstcharakteristik auch nicht geschlossen werden, die psychoanalytische Art der Menschenführung (im weiteren Sinne des Wortes verstanden) betreffe nur den kranken, psychisch angeschlagenen Menschen. Jutta von Graevenitz bemerkt deshalb mit Recht: »Das gebräuchliche Argument, dass die Tiefenpsychologie ihre Beobachtungen an ›Kranken‹ macht, darf allerdings zurückgewiesen werden: nicht nur verfügt sie über reiche Erfahrungen aus Analysen ›Gesunder‹, sondern es hat sich schon vor langer Zeit herausgestellt, dass hinsichtlich des Verhältnisses zwischen bewussten und unbewussten Persönlichkeitsbereichen kein grundsätzlicher Unterschied zwischen manifest Gesunden und manifest Kranken besteht...«[8]

Und – so darf man weiterfahren – weil der analytisch-synthetische Prozess an konkrete Selbsterfahrungen, an die Erfahrung des Selbst heranführt, weil er Einblicke in zuvor ungeahnte Seelenbezirke eröffnet und bewusstseinsaktivierende Impulse zu geben vermag, entspricht die Analytische Psychologie in hohem Maße einem Erkenntnisweg. Er leitet zu Einsichten, die einem bloßen Nachdenken oder einer äußeren Wissensvermittlung verschlossen bleiben. Das vermag der am ehesten zu beurteilen, der in diesem Prozess zu entsprechenden Eigenerfahrungen gelangt ist.

So ist es kein Zufall, wenn Jung im oben angeführten Interview mit Georg Gerster auf die notwendige »sorgfältige religiöse Berücksichtigung der Erfahrungen aus dem Unbewußten« ausdrücklich verweist und hinzufügt: »Ich sage absichtlich ›religiös‹, weil mir scheint, dass diese Erfahrungen, die dazu helfen, das Leben gesunder oder schöner zu machen oder vollständiger oder sinnvoller zu gestalten, für einen selbst oder für die, die man liebt, genügen, um zu bekennen: es war eine Gnade Gottes.«

Schon daraus erhellt, wie ärztliches Tun und die Hinführung zu religiöser Erfahrung bei C. G. Jung aufeinander bezogen sind und auch, wiewohl er als Arzt und Psychologe spricht, keine wechselseitige Isolierung dulden; denn schließlich geht es gerade Jung um die Ganzheit des Menschen und nicht allein um äußere medizinische Rezepturen.

Um den Gedankengang abzurunden, sei das soeben Besprochene durch einige Belege ergänzt, aus denen deutlich wird, weshalb dem Psychotherapeuten Jung jene innere Religiosität so wichtig war, die mit einer bestimmten äußeren kirchlichen bzw. konfessionellen Zugehörigkeit nicht identisch sein muss, wohl aber ein existenzielles Bedürfnis jedes Menschen darstellt.

In einem Vortrag »Über die Beziehung der Psychotherapie zur Seelsorge«, 1932 in Straßburg vor Theologen gehalten, erzählte Jung, wie seine aus Angehörigen vieler Kulturnationen zusammengesetzte Klientel zum weitaus größten Teil aus (religiös gleichgültigen) Protestanten, aus einer Minderzahl Juden, jedoch auffälligerweise aus nur ganz wenigen praktizierenden Katholiken bestehe. Nun wird man einer derartigen Mitteilung nicht eine etwaige unterschwellige Zuneigung Jungs zum Katholizismus entnehmen sollen, da der Zusammenhang auf die Bedeutung lebendiger Religiosität für die seelische Gesundheit hinweist und die erwähnten Zahlenverhältnisse schon für sich sprechen dürften.

Jung bemerkt nun im gleichen Zusammenhang folgendes: »Unter allen meinen Patienten jenseits der Lebensmitte, das heißt jenseits 35, ist nicht ein Einziger, dessen endgültiges Problem nicht das der religiösen Einstellung wäre. Ja, jeder krankt in letzter Linie daran, dass er das verloren hat, was lebendige Religionen ihren Gläubigen zu allen Zeiten gegeben haben, und keiner ist wirklich geheilt, der seine religiöse Einstellung nicht wieder erreicht.«[9]

Diese (Wieder-)Entdeckung bzw. diese Bestätigung der religiösen Funktion in der Seele durch den Therapeuten zeigt auch dessen bisweilen problematische Stellung: Einerseits scheint sie auf der Grenzlinie zwischen dem Zuständigkeitsbereich des ärztlichen Psychologen und des kraft Ordination oder Weihe »verordneten« Seelsorgers zu liegen – sieht man einmal von der Seelsorge ab, die im Sinne des »allgemeinen Priestertums aller Gläubigen« (Luther) nicht weniger gültig ist. Andererseits aber gibt es eben auch Situationen, in denen der Therapeut beides in einem sein muss oder sein sollte, Arzt und Seelsorger, und zwar ohne von der priesterlich-seelsorgerlichen Funktion irgendwie Aufhebens zu machen oder gar entsprechende Ansprüche zu stellen, soweit es sich um die regulären sakramentalen Vollmachten (z. B. der Absolution) handelt. Sogleich sei hinzugefügt: Sollte ausgerechnet der Arzt und Psychotherapeut als Christ auf den Status verzichten, den nach Martin Luther doch jeder Getaufte innehat?

Lässt man die Eigengestalt anderer psychotherapeutischer Entwürfe, die der Religiosität volle Geltung zusichern, außer Acht, so stimmt Jung in diesem zentralen Punkt mit Männern wie Viktor E. Frankl überein, der auf die psychohygienische, ja psychotherapeutische Wirksamkeit der Religion aufbaut, weil sie zwar nicht absichtlich, wohl aber tatsächlich »dem Menschen eine Geborgenheit und eine Verankerung sondergleichen ermöglicht, die er nirgendwo anders fände, die Geborgenheit und die Verankerung in der Transzendenz, im Absoluten«.[10] In eine ähnliche Richtung gehen die Beiträge des Schweizers Balthasar Staehelin, der sich bemüht, »die Sehnsucht zu fördern, Gott als Sein zu beherbergen«.[11]

Religion – Theologie – Psychologie

An dieser Stelle ist ein Einschub zu machen, der der Verständigung dienen soll.

Mit einer gewissen Selbstverständlichkeit werden in dieser Schrift die Bezeichnungen Religion oder Religiosität, Theologie und Psychologie bzw. Analytische Psychologie benützt. Was ist damit gemeint? Wie wird das Verhältnis dieser Erkenntnis- und Erfahrungsbereiche zueinander gesehen?

Religion – ganz gleich, ob wir das Wort vom lateinischen »religere = heilige Vorschriften beachten« oder von »religare = rückverbinden« ableiten – wird durch das bestimmt, was der Mensch in der Hinwendung zu dem transzendent-jenseitigen und doch zugleich immanenten, in der Welt anwesenden Gott tut und was ihm in der Begegnung mit dem Unschaubaren widerfährt. Religion kann sich in der Gestalt einer traditionellen Kultusfrömmigkeit darstellen und ganz in den Bahnen der kirchlichen oder einer sonstigen Überlieferung verlaufen. Sie kann sich aber auch als eine

Frömmigkeit des Herzens darstellen, etwa als Ausdruck einer liebenden Verehrung des Schöpfers und der dankbaren Zuwendung zu allem, was aus seiner Hand hervorgegangen ist.[12] Ein solcher Niederschlag dieser Form der Religiosität wäre beispielsweise in Christian Morgensterns Gedicht »Fußwaschung« zu sehen, in dem es heißt:

Ich danke dir, du stummer Stein,
Und neige mich zu dir hernieder:
Ich schulde dir mein Pflanzensein.

Ich danke euch, ihr Grund und Flor,
Und bücke mich zu euch hernieder:
Ihr halft zum Tiere mir empor.

Ich danke euch, Stein, Kraut und Tier,
Und beuge mich zu euch hernieder:
Ihr halft mir alle drei zu mir.

Wir danken dir, du Menschenkind,
Und lassen fromm uns vor dir nieder,
Weil dadurch, dass du bist, wir sind.

Es dankt aus aller Gottheit Ein-
Und aller Gottheit Vielfalt wieder.
In Dank verschlingt sich alles Sein.

So wäre an weitere vielfältige Formen der Religiosität zu denken, nicht zuletzt an die eindeutig christusbezogene Religiosität innerhalb wie außerhalb der Kirche. Von christlicher Theologie aber müssen religiöse Menschen, es seien Ungebildete oder philosophisch Geschulte, nichts wissen, denn: Christliche Theologie, Rede und Lehre von Gott, nimmt den menschlichen Intellekt in Anspruch und macht die Wirklichkeiten des Glaubens zum Gegenstand des Nachdenkens. Es handelt sich dabei um die Besinnung auf das Handeln Gottes als Schöpfer, Erlöser und Heiliger Geist. Alle Theologie bezieht sich letztlich auf die Offenbarung, das heißt auf das an konkrete Menschen ergangene und überlieferte Wort Gottes. Liegt für den Theologen der Schwerpunkt bei den Offenbarungsinhalten, die im kirchlichen Dogma formuliert, das heißt in der Gedankensprache einer bestimmten Epoche ausgedrückt worden sind, so hat es der Psychologe, nicht am wenigsten der Tiefenpsychologe vom Rang eines C. G. Jung, einzig und allein mit der Psyche des Menschen zu tun. Er fragt danach, wie sich der Empfang jener das menschliche Bewusstsein erreichenden Glaubens- und Offenbarungsinhalte darstellt und was sich dabei zeigt, etwa wenn der betreffende Mensch entsprechende Bilder aus seinem Unbewussten aufsteigen sieht, die er nicht erdacht haben kann, die ihn aber zutiefst angehen.

Sprachen wir davon, dass religiöse Erfahrung nicht notwendigerweise vom theologischen Reflexionsvermögen des Einzelnen abhängt, so kann auch umgekehrt der nicht selten zu beobachtende Fall eintreten, dass jemand zwar über ein umfassendes theologisches Wissen verfügt, mit dem er einen theologischen Disput bestreiten kann, ohne jedoch im Innersten davon religiös bewegt oder betroffen zu sein. Hier liegt eine große Aufgabe für die Theologenausbildung. Sie sollte sich nicht nur darin erschöpfen, Wissen zu vermitteln oder Fähigkeiten im Umgang mit den biblischen Texten oder im liturgischen und seelsorgerlichen Vollzug zu erproben, sondern den Studierenden zugleich Schritt für Schritt auf dem Weg der Glaubenserfahrung zu geleiten. Deshalb kommt der Feststellung Karl Rahners so entscheidende Bedeutung zu, der sagt: »Der Mensch von heute wird nur dann auch im Bereich seiner theoretischen Überzeugung und seines öffentlichen Bekenntnisses ein Glaubender sein, wenn er eine wirklich persönliche Erfahrung im Bereich des Christlichen gemacht hat und darin durch die kirchliche Verkündigung immer wieder neu eingeweiht und eingeführt wird.«[13]

Angesichts des allgemeinen Umbruchs und der Entleerungserscheinungen im seelischen wie im geistig-religiösen Leben »stellt sich hier die schwierige, noch kaum erkannte Aufgabe, dem heutigen Menschen Wege zu einer solchen ursprünglichen Glaubenserfahrung zu weisen«.[14]

Wie verhält sich nun der Psychologe zu dem, was Menschen religiös erfahren, wie zu dem, was aufgrund der Gottesoffenbarung durch die Theologie gedeutet und verkündet wird? – Die Psychologie, die in den Grenzen ihrer Zuständigkeit arbeitet, maßt sich nicht an, etwas über die geoffenbarte göttliche Wahrheit zu wissen. Sie behauptet auch nicht, diese Wahrheit zu vertreten oder Glaubensbekenntnisse zu beeinflussen. Sondern sie ist einzig und allein an die Wirklichkeit der Seele gewiesen, also an das, was in der Seele wirkt. Was sich dort manifestiert, was sich dort beobachten lässt, welche Bedeutsamkeit den dort aufsteigenden Bildern und Symbolen für die Harmonie und Ganzheit des Menschen zukommt, das allein ist Sache der Psychologie, doch niemals die religiöse Wahrheit als solche.

»Aber« – so bemerkt Helmut Barz einmal, indem er sich als Psychologe an die Theologie wendet – »es kann sein, dass man die Wahrheit, obgleich man sie in Händen hält, verdorren lässt, weil man die Frage nach der Wirklichkeit, die uns heute auf den Nägeln brennt, ignoriert. Und es scheint, dass wir heute weniger nach der fertigen Wahrheit als vielmehr nach dem Weg zur Wahrheit in der Wirklichkeit suchen. Denn, wie es bei Tillich heißt: ›Wahrheit ist tot ohne den Weg zur Wahrheit.«[15]

Ist eigentlich die Psychologie legitimiert, Kritik an der Theologie zu üben? – Ohne das soeben Gesagte aufzuheben, wird man doch auch sagen müssen: Sie ist zur Kritik berechtigt, wenn sie etwa aufgrund empirischer Beobachtung feststellt, dass zwar theologische Gehalte wie eh und je an die Menschen herangebracht werden, dass diese aber nicht oder nicht mehr in derselben Weise wie einst in der Lage sind, das theologisch Verkündete (Bibel, Dogma, Kultus) ihrem spirituell-religiösen Gehalt nach zu erfassen und in ihr gelebtes Leben zu integrieren. Derlei kritische Feststellungen macht die Tiefenpsychologie aber nicht etwa infolge einer von vornherein vorhandenen Skepsis aller Theologie gegenüber, etwa weil sie selbst auf die tatsächlichen Bekundungen des Unbewussten achtet, während sie dagegen in hohem Maße mit der Ratio arbeitet. Solche Befunde sind viel allgemeinerer Art. Sie stellen eine Bestandsaufnahme dar, die für große Teile der Menschheit Gültigkeit hat.

In diesem Sinne ist jedenfalls C. G. Jungs ernüchternde Diagnose gemeint: »Die großen Ereignisse unserer Welt, die von Menschen beabsichtigt und hervorgebracht sind, atmen nicht den Geist des Christentums, sondern des ungeschminkten Heidentums. Diese Dinge stammen aus einer archaisch gebliebenen seelischen Verfassung, welche vom Christentum auch nicht von ferne berührt worden ist [...] Die christliche Kultur hat sich in erschreckendem Ausmaß als hohl erwiesen: sie ist äußerliche Politur; der innere Mensch aber ist unberührt und darum unverändert [...] Es kann daher der Fall eintreten, dass ein Christ, der zwar an alle heiligen Figuren glaubt, doch im Innersten der Seele unentwickelt und unverändert bleibt, weil er den ›ganzen Gott draußen‹ hat und ihn nicht in der Seele erfährt. Seine ausschlaggebenden Motive und seine maßgebenden Interessen und Impulse erfolgen aus der unbewussten und unentwickelten Seele, die so heidnisch und so archaisch wie nur je ist, und keineswegs aus der Sphäre des Christentums. Nicht nur das Einzelleben, sondern auch die Summierung der Einzelleben im Volke erweist die Wahrheit dieser Behauptung.«[16]

Wie eine zusammenfassende Antwort auf die Frage, die uns in diesem Abschnitt bewegt hat, mutet die Feststellung an, die Jung im gleichen Zusammenhang trifft: »Die Psychologie befasst sich mit dem Akt des Sehens und nicht mit der Konstruktion neuer religiöser Wahrheiten [...] In der inneren Erfahrung erst offenbart sich die Beziehung der Seele zu dem äußerlich Vorgezeigten und Gepredigten als eine Verwandtschaft und Entsprechung [...]

Damit tut die Psychologie das Gegenteil von dem, was man ihr vorwirft: sie verschafft Möglichkeiten zum besseren Verständnis des Vorhandenen, sie öffnet das Auge für die Sinnerfülltheit der Dogmen [...]«[17]

Nun ist aber die Psychologie, wie wir sie heute kennen, eine recht junge Disziplin, auch wenn sie in der Philosophie mindestens seit den Tagen Heraklits stets ihren festen Platz gehabt hat. Es sei deshalb wenigstens angedeutet, auf welche Weise der religiöse Mensch sein inneres Sehen, Wahrnehmen und Verstehen gepflegt hat. Er tat es auf den Wegen der Mystik und in den Bezirken der religiösen Esoterik. Mystik und Esoterik haben zu allen Zeiten die zentrierende und impulsgebende Kraft dargestellt, auch wenn die Träger eines esoterischen Christentums von den Inhabern des geistlichen Amtes in Zweifel gezogen oder gar als Ketzer verfolgt worden sind, wobei die Verwechslung von Mystik und Mystizismus, von legitimer Gnosis und realitätsverneinendem Gnostizismus oft verheerender gewirkt hat als der offene Widerstand eines kirchlichen Amtsträgers, eines sogenannten »Geistlichen«, gegen einen nicht beamteten Bevollmächtigten des Geistes. Es liegt auf der Hand, dass eine für die Wirklichkeit des Spirituellen offene Psychologie solchen Geistesträgern sehr viel näher steht als den Verwaltern von Traditionen, die den Zugang zu dem, was sie verwalten, selbst verloren haben.[18]

2. C. G. Jungs Weg zu Christus

Ich war auf die Erfahrung allein angewiesen. Immer stand mir das Damaskuserlebnis des Paulus vor Augen, und ich fragte mich, wie sein Schicksal ohne seine Vision wohl ausgefallen wäre. Dieses Erlebnis ist ihm aber zugestoßen, als er blind seinen eigenen Weg verfolgte. Ich zog damals als junger Mensch den Schluss, dass man offenbar sein Schicksal erfüllen müsse, um dorthin zu gelangen, wo einem ein donum gratiae (Geschenk der Gnade) zustoßen könnte.

Carl Gustav Jung

Probleme mit der »theologischen Religion«

Geht man von der erwähnten Tatsache aus, dass Carl Gustav Jung als Naturwissenschaftler angetreten ist, dass er seine Aufgabe darin gesehen und erfüllt hat, als Arzt dem leidenden Menschen zu helfen, dann mag das Thema, das nach Jungs Weg zu Christus fragt, auf den ersten Blick irritieren.

Zwar räumt Jung in dem oben erwähnten Zitat nachdrücklich ein, dass er in seinem Tun die »Gnade Gottes« wirksam sehe, aber ein besonderer christlicher Wesenszug tritt hier nicht in Erscheinung. Das wird auch nicht dadurch einsichtig, dass man auf seine Herkunft verweist, auf seine in traditionellen Bahnen verlaufende christliche Erziehung in einem protestantischen Pfarrhaus.

Das spezifisch Christliche in seinem Leben und Werk wird zunächst umso weniger deutlich, wenn man sieht, welche starke Beachtung er als Psychologe den östlich-fernöstlichen Religionen und esoterischen Überlieferungen geschenkt hat, als er einschlägige Texte (»Das Geheimnis der Goldenen Blüte«, »Das tibetanische Totenbuch« u. a.) kommentierte und eine Unzahl von Motiven aus dem weltweiten Reichtum religiöser Erfahrungen neben Gehalten aus der mythischen Bildwelt bei der Deutung von Hervorbringungen aus dem Unbewussten – bei sich und bei seinen Patienten – heranzog.

Wenn wir unseren Blick auf Jungs Wegweisung zu Christus richten, dann wird es nötig sein, zuvor Jungs eigenen Weg zu Christus zu skizzieren. An Belegen dafür mangelt es nicht. An erster Stelle ist seine acht Jahrzehnte umspannende Autobiografie »Erinnerungen, Träume, Gedanken« zurate zu ziehen, die seine langjährige Mitarbeiterin Aniela Jaffé aufgezeichnet hat. Aber auch in seinen Briefen finden sich wichtige autobiografische Notizen und Hinweise, die ein Licht auf unsere Frage werfen. Mit einer für Biografien ungewöhnlichen Schonungslosigkeit und Offenheit, die selbst in verborgene Seelenbezirke Einblicke gewährt, schildert Jung seine Beziehung zum Religiösen und zum Christentum.

Nicht nur der Vater, der als Arabist promoviert war und während der längsten Zeit von Carl Gustavs Jugend in einer kleinen Pfarrei in der Nähe von Basel Dienst tat, und dessen zwei Brüder waren Theologen, sondern auch mehrere Verwandte aus der Familie der Mutter. Liest man, wie der kleine Junge im Umkreis von Pfarrhaus, Kirche und Friedhof eine Reihe von erschütternden Beobachtungen machte, wie er von Träumen und Albträumen, von schlimmen Ahnungen heimgesucht wurde, die alle irgendwie mit dem Geheimnis des Gottesglaubens zusammenhingen, dann sollte man annehmen können, dass ihm an dem nötigen geistlichen Beistand nicht gemangelt haben dürfte. Doch dem war nicht so!

Da tauchte die Gestalt des »her Jesus« auf. Dieser Jesus war dem Kind zwar von den abendlichen Gebetsversen her bekannt. Doch dieser Jesus flößte ihm eher Schrecken und Misstrauen ein, statt Trost und Geborgenheit zu vermitteln. Zu diesem »ersten Trauma« kam der im schwarzen Talar des reformierten Pfarrers amtierende Vater, der in rätselhafter Weise mit diesem nicht ganz geheuren »her Jesus« im Bunde zu stehen schien. Er war noch dazu assistiert von ebenfalls schwarz gekleideten Männern, die einen Sarg auf dem Gottesacker in die Erde versenkten. Solche und ähnliche Erlebnisse hinterließen unauslöschliche Eindrücke. »Der

›her Jesus‹ ist mir nie ganz wirklich, nie ganz akzeptabel, nie ganz liebenswert geworden, denn immer wieder dachte ich an seinen unterirdischen Gegenspieler, als an eine von mir nicht gesuchte, schreckliche Offenbarung.«[19]

Dieser unterirdische Gegenspieler war, wie Jung erst sehr viel später feststellte, ein ritueller Phallus, »ein unterirdischer, nicht zu erwähnender Gott«, der in dem ersten lebhaft erinnerten Kindheitstraum in einem Erdloch emporragte und die Fantasie des Kindes aufrührte. Der Junge gab sich Mühe, ein positives Verhältnis zu dem verkündigten Christus zu gewinnen – was erwartete man anderes von einem Pfarrerssohn? – doch das früh veranlagte Misstrauen wollte nicht verschwinden. Der Religionsunterricht langweilte unsäglich, und der Gang zur nahen Kirche, ausgenommen an Weihnachten, war von deutlichen Unlustgefühlen begleitet.

Viel näher, viel vertrauter wurde dem an Pflanzen, Tieren und Steinen interessierten Jungen die Welt des Geheimnisvollen. Schließlich war er ja durch den erwähnten Initialtraum »in die Geheimnisse der Erde eingeweiht [...] Es war eine Art Initiation in das Reich des Dunkeln. Damals hat mein geistiges Leben seinen unbewussten Anfang genommen«, berichtet Jung.[20]

Hingegen erzeugte das Lehrmäßige an der Religion ein ähnliches Unbehagen wie die ersten Kindheitseindrücke von »Jesus«. Etwa vom 11. Lebensjahr an spielte die Gottesfrage eine zunehmende Rolle, indem sie neue Probleme, Besorgnisse und Ängste verursachte, andererseits aber auch gewisse Durchblicke vermittelte, ja zu ersten religiösen Erfahrungen anregte. Doch das Misstrauen und Unbehagen betraf mehr, ja ausschließlich die von außen an den Jungen herangetragene Form der Kirchlichkeit im Elternhaus, in Schule und Gottesdienst. Sollte das Kind gespürt haben, dass Prediger und Lehrer, der eigene Vater selbst gewisse Schwierigkeiten mit dem Glauben haben, den sie predigen und lehren?

Die ganz anders geartete Geheimniswelt, in der der Junge lebte, schien sowohl dem Vater als auch den theologischen Verwandten fremd zu sein. Am ehesten hatte noch die Mutter einen instinktiven Zugang zu der Sphäre, in der ihr Kind lebte. »Damals kamen auch profunde Zweifel an allem, was mein Vater sagte. Wenn ich ihn über die Gnade predigen hörte, dachte ich immer an mein Erlebnis. Was er sagte, klang schal und hohl, wie wenn einer eine Geschichte erzählte, die er selber nicht ganz glauben kann oder nur vom Hörensagen kennt.«

Und nun schreibt Jung in seinem autobiografischen Bericht davon, wie er, der Schuljunge, dem Theologen und beamteten Diener der Kirche »helfen« wollte. Wie immer sich dies für das Bewusstsein des Sohnes dargestellt haben mag, so dürfte doch feststehen, dass hier religiöse Erfahrung und ein theologisches Wissen, das dieser unmittelbaren Erfahrung entbehren musste, miteinander konfrontiert waren. Und Jung fährt in seiner Autobiografie fort: »Ich habe später, als ich achtzehn Jahre alt war, viele Diskussionen mit meinem Vater gehabt, immer mit der heimlichen Hoffnung, ihn etwas von der wunderwirkenden Gnade wissen zu lassen und ihm dadurch in seinen Gewissensnöten zu helfen. Ich war überzeugt, dass, wenn er den Willen Gottes erfüllte, sich alles zum Besten wenden würde. Unsere Diskussionen hatten aber immer ein unbefriedigendes Ende.«[21]

So sah sich der Heranwachsende mit Realitäten konfrontiert, die ihn zutiefst angingen, über die er mit einem Wissenden gerne gesprochen hätte. Doch er sah sich allein gelassen. Was C. G. Jung als Problem nach und nach und als Einsicht aufgegangen war, zwang ihn – man kann sagen: lebenslang – zur Einsamkeit. Und wenn man daraufhin die Briefe durchliest, dann ist die Freude bei ihm übergroß, wenn er einem Briefpartner sagen kann, er sei einer der ganz wenigen, die ihn verstanden hätten [...]

An dieser Stelle sei an eine frühe Arbeit erinnert, die der vierunddreißigjährige C. G. Jung über »die Bedeutung des Vaters für das Schicksal des einzelnen« (1909) schrieb. Dort heißt es: »Wenn wir je eine dämonische Schicksalsmacht am Werke sehen wollen, so sehen wir sie hier in diesen düsteren und schweigsamen Tragödien, die sich langsam und qualvoll in den kranken Seelen unserer Neurotiker vollenden [...] Wenn wir Normale unser Leben durchforschen, so sehen auch wir, wie eine mächtige Hand uns unfehlbar zu Schicksalen leitet, und nicht immer ist diese Hand eine gütige zu nennen. Oft heißen wir sie die Hand Gottes oder des Teufels, und drücken damit einen psychologisch höchst wichtigen Faktor unbewusst richtig aus, nämlich die Tatsache, dass der das Leben unserer Seele gestaltende Zwang den Charakter einer autonomen Persönlichkeit hat, beziehungsweise als solcher Art empfunden wird, sodass von jeher auch noch im heutigen Sprachgebrauch die Quelle derartiger Schicksale als ein Dämon, als ein guter oder böser Geist, erscheint.«[22]

Jung mochte an seine eigene Kindheit gedacht haben, als er diese Sätze niederschrieb, und auch daran, welche Problematik mit seinem und mit dem Schicksal seines Vaters verknüpft war. Diese Stelle zeigt aber auch, wie der Autor zu diesem Zeitpunkt (1909) noch von jenem zwanghaften, determinierenden Denken behaftet war, wie wir es von seinem damaligen verehrten Meister, Sigmund Freud, kennen. Da ist, so scheint es, noch nichts von dem spezifisch christlichen Verständnis zu spüren, noch nichts von der Möglichkeit einer Befreiung, noch nichts von der Aussicht, dass der Zauberkreis der Triebwelt durchbrochen werden könnte. Jung hatte die innere »Kehre« noch nicht erreicht, deren äußere Konsequenz die Trennung von Freud darstellen sollte.

Im Lebensrückblick kann Jung immerhin von sich sagen, dass Gott, um den schließlich sein Denken und Streben kreist, die sicherste Gewissheit darstellte, die es für ihn überhaupt gab. Das bedeutete jedoch keineswegs eine Versöhnung mit dem kirchlichen Christentum seines Elternhauses und schon gar nicht eine Versöhnung mit der Theologie, die sein Vater repräsentierte oder wenigstens repräsentieren sollte. »Es wurde mir leichter, je weiter ich der Kirche rückte«, notiert der Autobiograf einmal.[23]

Was den Sohn bedrückte, das war die unausweichliche Folge, die sich aus dem belasteten Spannungsverhältnis zwischen seiner eigenen – wir dürfen sagen: religiösen – Innenerfahrung und dem theologisch-rational-lehrhaften Gedankengebäude ergab, denn: »Die Theologie hatte meinen Vater und mich entfremdet [...] Ich war erschüttert und empört zugleich, weil ich sah, wie hoffnungslos er der Kirche und ihrem theologischen Denken verfallen war. Sie hatten ihn treulos verlassen, nachdem sie ihm alle Möglichkeiten, unmittelbar zu Gott zu gelangen, verrammelt hatten.«[24]

Diese Sicht wird Jung lebenslang bewusst gewesen sein. Jedenfalls versuchte er schon einige Jahre vor der Aufzeichnung der Autobiografie einem protestantischen Theologen (Walter Bernet[25]) die Ausgangssituation deutlich zu machen, die einerseits durch den erwähnten Gegensatz, andererseits durch die materialistischen Voraussetzungen maßgeblich bestimmt war, mit denen er als angehender Naturwissenschaftler hatte fertig werden müssen: »Die Tragik meiner Jugend war« – so heißt es im Brief vom 13. Juni 1955 an Bernet – »dass ich meinen Vater sozusagen vor meinen Augen am Problem seines Glaubens zerbrechen und eines frühen Todes sterben sah.[26] Das war das objektive Ereignis, das mir für die Bedeutung der Religion die Augen öffnete. Subjektive innere Erlebnisse haben es verhindert, dass ich aus dem Schicksal meines Vaters in Bezug auf den Glauben negative Schlüsse zog, die nahe gelegen hätten. Ich bin ja in der Blütezeit des Wissenschaftsmaterialismus aufgewachsen, hatte Naturwissenschaften und Medizin studiert und bin Psychiater geworden. Mein Bildungsgang einerseits hat mir nichts offeriert als Gegengründe, und andererseits war mir das Charisma des Glaubens versagt ...«[27]

Für Jung gab es demnach nur die Möglichkeit einer klaren Grenzziehung zwischen seiner religiösen Eigenerfahrung (die er bemerkenswerterweise vom »Charisma des Glaubens« unterscheidet!) und der Theologie, genauer: jener Theologie, wie sie ihm damals, freilich auch noch später begegnet ist. Es ist anzunehmen, dass Jungs Urteile über Kirche, Theologie und Verkündigung ganz anders, nämlich entschieden positiver ausgefallen wären, wenn er in ihnen etwas von der Strahlkraft religiöser Unmittelbarkeit gespürt hätte. Die verschiedenen Briefwechsel mit den Theologen

Victor White, Hugo Rahner, Gebhard Frei und anderen sprechen für diese Annahme.

Was nun die fragliche Entfremdung betrifft, so fasst Jung zusammen: »Soviel stand für mich fest, und ebenso sicher war mir, dass keiner der mir bekannten Theologen ›das Licht, das in die Finsternis schien‹, mit eigenen Augen gesehen hatte, sonst hätten sie keine theologische Religion« lehren können. Mit der theologischen Religion« konnte ich nichts anfangen; denn sie entsprach nicht meinem Gotteserlebnis. Ohne Hoffnung auf Wissen forderte sie auf zu glauben. Das hatte mein Vater mit größter Anstrengung versucht und war daran gescheitert [...] Ich hatte erkannt, dass der mir immer hochgepriesene Glaube ihm diesen fatalen Streich gespielt hatte und nicht nur ihm, sondern den meisten gebildeten und ernsthaften Leuten, die ich kannte. Als die Erzsünde des Glaubens erschien mir die Tatsache, dass er der Erfahrung vorgriff.«[28]

Nun wird man freilich den Einwand nicht unterdrücken dürfen, dass Jung hier und andernorts mit einem Glaubensbegriff operiert, der der christlichen Glaubenswirklichkeit kaum gerecht wird. Jung schließt sich bedauerlicherweise der im Grunde rationalistischen Vulgärmeinung an, wonach »glauben« soviel wie »nicht wissen« oder ein illusionäres »für wahr halten« darstelle. Mit dem christlichen Glaubensbegriff sind derlei Unterstellungen keinesfalls zu vereinen. Jung verkennt daher, dass christlicher Glaube selbst eine Erkenntnisfunktion zu erfüllen vermag und somit eine Weise religiöser Erfahrung darstellt. Wer in diesem Sinne glaubt, ist in eine Beziehung hineingenommen, die ihm neue Dimensionen der Wirklichkeit erschließt.[29]

Aufgrund derartiger Missverständnisse erscheint es angezeigt, das theologisch anmutende Vokabular des Psychologen gegebenenfalls zu »übersetzen«. Denn eigentlich tritt Jung sehr wohl für eine originäre Glaubenserfahrung ein. Er zieht sie einem bloßen Reden über die Glaubenstatsachen bei weitem vor. Mehr noch, er verlangt von dem, dem die Rede von Gott aufgetragen ist, eben vom Theologen, dass er selber eine innere Beziehung der Betroffenheit und des Ergriffenseins zu dem Inhalt der Verkündigung habe. Ist das etwa zu viel verlangt?

So sind es erhebliche Missverständnisse, schicksalhafte Verkettungen, die sich C. G. Jung auf seinem Weg zu Christus als Hindernisse entgegengestellt haben. Wie konnte er sie überwinden? Etwa durch Vertiefung in die Naturwissenschaft und Medizin seiner Zeit oder etwa während der zeitweiligen Verbindung mit Sigmund Freud? Und inwiefern kann denn bei Jung von einer Hinkehr zu Christus gesprochen werden?

Immer wieder spricht Jung von der ihn bedrängenden Einsamkeit, die ihn sowohl in jungen Jahren als auch im Alter umgab: »Meine ganze Jugend kann unter dem Begriff des Geheimnisses verstanden werden. Ich kam dadurch in eine fast unerträgliche Einsamkeit, und ich sehe es heute als eine große Leistung an, dass ich der Versuchung widerstand, mit jemandem davon zu sprechen. So war damals schon meine Beziehung zur Welt vorgebildet, wie sie heute ist: auch heute bin ich einsam, weil ich Dinge weiß und andeuten muss, die die anderen nicht wissen und meistens auch gar nicht wissen wollen.«[30]

Nun ist es sehr bedeutsam, zu sehen, wie Jung von diesem Motiv der Einsamkeit her eine Verbindungslinie zu dem Apostel Paulus schlägt: »Gab es je einen Einsameren als Paulus? Sogar sein ›Evangelium‹ traf ihn unmittelbar, während er die Männer in Jerusalem verfolgte wie das ganze römische Reich«, schreibt er Anfang 1948 an den englischen Dominikaner Victor White.[31] Hierbei handelt es sich keinesfalls um eine nur beiläufige Erwähnung dieses Apostels, der auf eine so außerordentliche Weise zu Christus, dem Auferstandenen und Erhöhten, gefunden hatte und der so großen Wert auf die Feststellung legte, von der Jerusalemer Tradition der zwölf Jesus-Jünger völlig unabhängig zu sein, weil er die Heilsbotschaft nicht von Menschen, sondern durch eine Offenbarung (apokálypsis) Christi in sich (en emoi) empfangen hatte (Galater 1, 12 und 16).

Was will deshalb eine Erinnerung an diesen Apostel zur Deutung seines eigenen Lebensgangs besagen? Sollte C. G. Jung in Paulus den Prototypus seines eigenen Weges sehen? An der genannten Briefstelle fügt er bedeutsam hinzu: »Ich ersehnte den Beweis des lebendigen Geistes und erhielt ihn [...] Ich weiß, dass mir der Weg von einer Hand vorgeschrieben wurde, die weit über mich hinausreicht.«

Hier spricht Jung ausdrücklich von seinem eigenen »Weg«, wohl wissend, wie »verdammt groß« das tönt; kein Wort mehr von den dunklen, determinierten Triebschicksalen, die aus der Hand eines guten oder eines bösen Dämons hinzunehmen sind! Dabei steht die Auffassung des Dreiundsiebzigjährigen nicht etwa allein da. Ein Brief an den protestantischen Theologen Walter Uhsadel, zwölf Jahre zuvor abgefasst, liefert uns den ausdrücklichen Beleg dafür, dass Jung nicht nur seinen eigenen Weg unter einem deutlichen christlich-religiösen Vorzeichen gesehen hat. Worin er die besondere Aufgabe des Tiefenpsychologen erkannte, hier als »Seelenerzieher« verstanden – Paulus spricht einmal vom »paidagogos auf Christus hin«! –, drückt folgende Briefstelle aus: »Mir scheint, die wichtigste Aufgabe des Seelenerziehers der Gegenwart wäre es, den Menschen einen Weg zu zeigen, wie sie zu der Urerfahrung gelangen, welche z. B. Paulus auf dem Weg nach Damaskus am deutlichsten gegenübergetreten ist. Nach meiner Erfahrung eröffnet sich dieser Weg nur im seelischen Entwicklungsprozess des einzelnen [...]«[32] – Hierzu später.

Kehren wir nochmals zu dem Bekenntnis zurück, das Jung 1955 im Brief an Walter Bernet ausgesprochen hat, dann findet sich hier expressis verbis, wonach wir suchen; denn er schreibt: »Ich war auf die Erfahrung allein angewiesen. Immer stand mir das Damaskuserlebnis des Paulus vor Augen, und ich fragte mich, wie sein Schicksal ohne seine Vision wohl ausgefallen wäre. Dieses Erlebnis ist ihm aber zugestoßen, als er blind seinen eigenen Weg verfolgte. Ich zog damals als junger Mensch den Schluss, dass man offenbar sein Schicksal erfüllen müsse, um dorthin zu gelangen, wo einem ein donum gratiae (Geschenk der Gnade) zustoßen könnte.«[33]

Nicht genug damit. Jung bringt an der zitierten Stelle mit diesem seinem Gnadenerlebnis den Ursprung seiner Psychologie in Zusammenhang! Das will doch besagen, dass Jung nicht allein ein individuelles Damaskuserlebnis durchgemacht hat, das ihm zu einem Weg zu Christus geworden ist, sondern dass er gerade als Seelenarzt und als »Seelenerzieher« seinen Patienten eine entsprechende Wegweisung schuldig war, schuldig zu sein fühlte. Da er sich an die der Kirche Entfremdeten und an die religiös Entwurzelten gewiesen sah, schieden von vornherein die Glaubensvoraussetzungen aus, die seine theologischen Briefpartner[34] stillschweigend machten.

Für die theologische Bewertung der Jungschen Selbstinterpretation dürfte indes zweierlei von besonderem Belang sein: einmal die Tatsache, dass Jung dieses sein Suchen, Irren und endliches Finden unter das Zeichen der Gnade gestellt sah und nicht etwa als eine geplante religiöse Eigenleistung missverstand; zum anderen, dass er sich nicht als einen vollendeten Heiligen verkannte. Als Psychologe wusste er um die Gefahr der psychischen Inflation, die einer maßlosen Selbstüberschätzung gleichkommt und einen gefährlichen Wirklichkeitsverlust nach sich zieht. Auch bekannte er sich zeitlebens zu seinen eigenen Schwierigkeiten, zu seinen Mängeln, zu seinem »Schatten«, kurz: zu seiner Konflikthaftigkeit, die auch durch ein Damaskuserlebnis nicht einfach aufgehoben ist.

Und wieder ist es bemerkenswert, dass Jung auch in diesem Zusammenhang auf Paulus als Prototyp verweist, denn im Brief heißt es hierzu: »Selbst dem Christen Paulus schlug ein gewalttätiger Saulus als Satansengel ins Gesicht (II. Kor. 12, 7). Diesem Kampf sollte man wohl nicht in eine vorzeitige antizipierte Erlöstheit ausweichen [...]«[35]

Demnach gibt es gute Gründe, bei Jung, dem zum Zweifel und zur Skepsis durchaus Fähigen, von einem Weg zu sprechen, der nicht zu einer allgemeinen, undifferenzierten Religiosität, sondern der zu dem Christus des Neuen Testaments führt. Dass sich der Psychologe ausgerechnet auf den Apostel Paulus beruft und ihn als Kronzeugen seines eigenen Christseins in Anspruch nimmt, ist offenbar kein Zufall. Denn beide Male verläuft der Weg zu Christus außerhalb der Bahnen, die die institutionelle Kirche für ihre Gläubigen bereithält. Beide Male geschieht das Entscheidende ohne die Vermittlung eines Amtsträgers. Beide Male wird der Mensch, der sich auf dem Weg befindet, von einem Größeren, Mächtigeren überwältigt. Jungs Urteil könnte daher nicht knapper, aber auch nicht vollständiger und treffender ausgedrückt werden als durch seine eigenen Worte: »Es war eine Gnade Gottes [...]«[36]

Die Nikodemus-Frage: Inzest oder Wiedergeburt

Wer die bewegende Frage nach dem Weg stellt, der bei C. G. Jung als dessen Weg zu Christus verstanden werden kann, der darf sich, wie wir gesehen haben, nicht mit dem Hinweis auf Jungs Abstammung aus einer Theologenfamilie begnügen. Jedenfalls empfing er von hier gerade nicht die unmittelbaren Anstöße, die ihm weitergeholfen hätten. Wir müssen vielmehr nach dem inneren Prozess fragen, dessen Ertrag sich bis zu einem gewissen Grade in seinem eigenen Forschen niedergeschlagen und somit mit seinem Werk verbunden hat.

Über die fragliche Zeit seines Lebens schreibt Jung zusammenfassend: »Die Jahre, in denen ich den inneren Bildern nachging, waren die wichtigste Zeit meines Lebens, in der sich alles Wesentliche entschied. Damals begann es, und die späteren Einzelheiten sind nur Ergänzungen und Verdeutlichungen. Meine gesamte spätere Tätigkeit bestand darin, das auszuarbeiten, was in jenen Jahren aus dem Unbewussten aufgebrochen war und mich zunächst überflutete. Es war der Urstoff für ein Lebenswerk.«[37]

Aber wann ist dieser Prozess in seine entscheidende Phase eingetreten, die für Jung eine Lebenswende bedeutete? Die Antwort hat er in seinen Erinnerungen in der gleichen Ausführlichkeit gegeben. Äußerlich wird der Wendepunkt unter anderem durch die Veröffentlichung seines Buches »Wandlungen und Symbole der Libido«, sodann vor allem durch den endgültigen Bruch mit S. Freud deutlich genug markiert. Da die Fakten in allen für uns aufschlussreichen Details bekannt sind,[38] müssen sie hier nicht referiert werden.

Was sich äußerlich zugetragen hat, war für Jung jedoch von sekundärer Bedeutung. Deshalb hat er aus der Zeit nach der Trennung von aufwühlenden Innenerlebnissen zu berichten, die eine Analogie zu dem vor Damaskus niedergeworfenen und geblendeten Paulus rechtfertigen: Es war für Jung eine Zeit der Verfinsterung und der seelisch-geistigen Desorientiertheit, die sich über einige Jahre erstreckt hat. Ein Motiv, das schon während der Auseinandersetzung mit Freud eine wesentliche Rolle spielte und das ihn in entsprechenden Abwandlungen lebenslang beschäftigen sollte, nämlich das Motiv der Wandlung und der Neuwerdung, trat Jung in folgender Weise entgegen: Die hohe Wertschätzung, die Jung ebenfalls zeitlebens der Person und dem Werk Sigmund Freuds entgegenbrachte, konnte ihn nicht über erhebliche Mängel hinwegsehen lassen, die er an der Psychoanalyse entdeckt hatte. Über die Unterschiede im Ansatz waren sich beide Forscher von vornherein im klaren. Der Briefwechsel bestätigt diese Tatsache ausdrücklich. Freud schreibt beispielsweise in seinem zweiten Brief vom 7. Oktober 1906 an Jung: »Dass Sie die Schätzung für meine Psychologie nicht voll auf meine Anschauungen in der Hysterie- und Sexualitätsfrage ausdehnen, habe ich nach Ihren Schriften längst vermutet, verzichte aber nicht auf die Erwartung, Sie würden mir im Laufe der Jahre viel näher kommen, als Sie es jetzt für möglich halten.«[39]

Und wenn es auch zu zwischenzeitlichen Annäherungen gekommen sein mag, so zeigte sich schließlich doch, dass eine unüberbrückbare Kluft bestand. Diese rührte nicht etwa von der Neurosentheorie Freuds her. Sie ergab sich auch nicht nur aufgrund unterschiedlicher Anschauungen in Fragen der Traumdeutung. Selbst in der Bewertung der Sexualität hat Jung anfangs – wenngleich in modifizierter Form – Freud Verständnis entgegengebracht. Was Jung jedoch letztlich von Freud trennte, trennen musste, das war »der reduktive Kausalismus seines allgemeinen Standpunktes«, das heißt jene Enge, die dadurch entstand, dass Freud eine zielgerichtete (teleologische) Tendenz in der Psyche übersah. »Freuds Schrift ›Die Zukunft einer Illusion‹ datiert später, gibt aber eine für die früheren Jahre erst recht gültige Darstellung seiner Anschauungsweise, welche sich innerhalb der Grenzen des für das ausgehende 19. Jahrhundert charakteristischen Rationalismus und Wissenschaftsmaterialismus bewegt«, so erläutert Jung.[40]

Um eine solche Blickverengung, die nicht zuletzt für das Verstehen oder Missverstehen religiöser Tatbestände folgenreich ist, handelt es sich, wenn beispielsweise erotisch-sexuelle Motive in psychischen Produktionen – übrigens auch in künstlerischen und in religiösen Gestaltungen – unübersetzt bleiben. Man denke nur an die religiöse Kunst des Ostens, an die Polarität von Yang und Yin, an die vielfältigen Formen der heiligen Hochzeit (Mysterium coniunctionis), die Lingam-Yoni-Symbolik oder an den hohen Anteil erotischer Momente in der Sprache der Mystik aller Zeiten! Jung folgert: »Wenn wir an der Einseitigkeit sexueller Deutung hängen bleiben, so entgeht uns der eigentliche Sinn der Träume. Das Sexuelle in Träumen ist in erster Linie Ausdrucksmittel und keineswegs immer der Sinn und das Ziel des Traumes [...]«[41]

Im Jahre 1912, in dem diese Zeilen niedergeschrieben wurden, legte Jung auch sein Werk »Wandlungen und Symbole der Libido« vor. Es bezeichnet insofern einen Wendepunkt auf Jungs Entwicklungsweg, als der Autor in diesem Buch seine Position gegenüber derjenigen Freuds deutlich macht, und zwar bedeutungsvollerweise unter Hinweis auf das Christus-Mysterium der Wiedergeburt. Schon von daher gesehen handelt es sich um mehr als nur um die Formulierung eines wissenschaftlichen Standpunkts gegenüber einem anderen. Die menschliche Reifungskomponente, die darin enthalten ist, darf nicht übersehen werden.

Der Problemzusammenhang war durch den sogenannten Inzest-Komplex gegeben. Freud war auf diese ungemein numinose Vorstellung gestoßen, die Jung später den Inzest-Archetypus genannt hat. Freilich konnte sich Freud offenbar nicht die nötige Klarheit darüber verschaffen, dass dieses »urtümliche Bild« im Blick auf seinen über sich selbst weit hinausweisenden Sinngehalt erst gedeutet werden müsse. Solange ein so heikles Thema konkretistisch verkürzt gesehen wird, verzichtet man gerade darauf, dessen symbolische Deutekraft zu nützen, die den vordergründigen biologisch-sexuellen Zauberkreis zu durchbrechen vermag.

Und was für den psychotherapeutischen Prozess von großer Wichtigkeit ist, das gilt sowohl für den menschlichen Erkenntnis- und Reifungsprozess im Allgemeinen wie für die religiöse Wandlung (Metánoia) im Besonderen; »denn nur das, was den Patienten über sich und seine Ichbefangenheit hinausführt, bringt Heilung [...] Wenn Symbole reduziert werden, so wird dadurch ihre Sinndeutung verunmöglicht.«[42] Und an anderer Stelle: »Wie das Wort ›Bedeutung‹ anzeigt, ist ›Deutung‹ zur Erfassung eines Sinnes unerlässlich. Mit den nackten Tatsachen allein ist an sich kein Sinn gegeben [...]«[43] Entscheidend ist freilich, wie diese »Deutung« bewerkstelligt wird, ob etwa lediglich eine das Wissensbedürfnis befriedigende »Erklärung« gegeben wird, oder ob der Deutende einen Zugang zur Erfahrung des Sinngehaltes bahnen hilft.

Bedeutsam ist es nun, dass Jung schon im Jahre 1912 auf das denkwürdige Gespräch des Christus mit Nikodemus verweist, in dessen Mittelpunkt die Antwort auf das Problem gegeben wird, von dem wir sprechen (Johannes 3).[44] Christus spricht dort von der neuen Geburt des Menschen als von dem Ziel des Weges, »das Reich Gottes zu sehen« und in dieses Reich »einzutreten«. Nikodemus missversteht Christus, indem er ebenfalls konkretistisch, das heißt im buchstäblichen Sinn an einen Regressus denkt, nämlich an die Rückkehr in den Mutterschoß: »Kann auch ein Mensch ein zweites Mal in den Schoß seiner Mutter eingehen und geboren werden?« Die zweite Geburt wäre demnach eine Unmöglichkeit, abgesehen davon, dass eine solche Rückkehr den Status menschlicher Verlorenheit aufrechterhielte. Christus hingegen gebraucht das Bild von der Geburt symbolisch. Nicht die leibliche Zeugung eines Kindes ist gemeint, sondern »Gotteskindschaft«, die das Johannesevangelium – unter Gesetz und Evangelium des Stirb und Werde – als eine »Geburt von obenher« (änothen) begreift.[45]

Jung erkannte demnach, dass Christus dem natürlichen Geburtsvorgang die symbolische Bedeutung der Wiedergeburt »aus Wasser und Geist« gegenüberstellt, wobei die Aussagekraft des Wasser-Symbols besonders hervorzuheben wäre! Wesentlich war es für Jung, dass »dem im Konkreten gefangenen Geist ein neues Gefälle angeboten wurde, das ihn von der natürlichen auf die geistige Wirklichkeit hinüberzuleiten vermochte«.[46]

Schrieb Jung in der Erstfassung von »Wandlungen und Symbole der Libido«: »Nikodemus bliebe in platter Alltäglichkeit stecken, wenn es ihm nicht gelänge, symbolisch sich über seinen Konkretismus zu erheben«, so fährt der Autor ein Menschenalter danach, in der vierten Auflage des unter neuem Titel erschienenen Werks fort: »Die symbolische Wahrheit dagegen, welche Wasser an die Stelle der Mutter, Geist oder Feuer an die Stelle des Vaters setzt, bietet der in der sogenannten Inzest-Tendenz gebundenen Libido ein neues Gefälle an, befreit sie und leitet sie über in eine geistige Form.«[47]

Mit größerer Deutlichkeit könnte kaum der Unterschied zweier Positionen hervorgehoben werden, denn während Freud das archaische Bild mit einem verdrängten Inzestwunsch verwechselt, wehrt Jung diese Reduktion des symbolischen Bildes auf ein konkretes Verlangen mit dem Hinweis ab: »Es ist nicht die inzestuöse Kohabitation, die gesucht wird, sondern die Wiedergeburt, zu der man allerdings am ehesten durch Kohabitation gelangen könnte. Dies ist aber nicht der einzige Weg, obschon vielleicht der ursprüngliche. Das Hindernis des Inzestverbotes macht die Fantasie erfinderisch [...] Versuche in dieser Hinsicht bleiben natürlich im Stadium mythischer Fantasien stecken. Einen Erfolg aber haben sie, und das ist die Übung der Fantasie, welche allmählich eben durch die Schaffung von fantastischen Möglichkeiten Bahnen herstellt, auf denen die Libido [...] abfließen kann. So wird die Libido auf unmerkliche Weise geistig.«[48]

Ohne weitere Aspekte dieser Thematik anhand der zahlreichen Belege, die sich in Jungs Werken finden, zu beleuchten, begnügen wir uns mit der Feststellung, die Jung zwei Jahrzehnte später im Brief an eine Holländerin im Jahre 1934 schrieb: »Hinter all den Rationalisierungen der freudschen Theorie stehen immer noch Tatsachen, die verstanden werden wollen. Es nützt gar nichts, sie mit der bekannten Formel des ›nichts als‹ zu entwerten. Gelingt es ausnahmsweise, die innere Forderung zum Schweigen zu bringen, so hat man etwas verloren, und der Mensch bezahlt seine anscheinende Beruhigung mit einer inneren Verödung. Die irrationalen Gegebenheiten, die sich indirekt als ›Inzestkomplexe‹, als ›infantile Fantasien‹ etc. manifestieren, sind auch noch einer ganz anderen Auffassung fähig. Es sind Mächte der Seele, welche andere Zeiten und andere Kulturen auch in einem anderen Licht gesehen haben.«[49]

In den »Erinnerungen«, in denen Jung nochmals auf diese Problematik zu sprechen kommt, fasst er wie folgt zusammen: »Für mich bedeutet der Inzest nur in den allerseltensten Fällen eine persönliche Komplikation. Meist stellt er einen hochreligiösen Inhalt dar, weshalb er auch in fast allen Kosmogonien und zahlreichen Mythen eine entscheidende Rolle spielt.«[50]

Was können wir aus alledem für unsere Thematik entnehmen? – Kennzeichnend für diese erwähnte Positionsbestimmung ist zweifellos, dass Jung ein Kernstück des Evangeliums und der christlichen Verkündigung überhaupt für seine therapeutische Arbeit fruchtbar gemacht hat. Weiter ist es bemerkenswert, dass Jung aus Johannes schöpft, das heißt aus jenem Evangelium, das seit der frühesten Christenheit als ein »geistiges (pneumatikon) Evangelium« (Clemens von Alexandrien) gewürdigt wird und dessen besondere Sichtweise zur Vertiefung der Christuserkenntnis beizutragen hat.[51]

Hinzu kommt, dass Jung sich nicht allein auf Johannes beruft, der unter den vier Evangelisten eine Sonderstellung beanspruchen kann, sondern – wie wir zuvor gesehen haben – auf Paulus, der seinerseits gegenüber den zwölf Aposteln eine Sonderstellung eingenommen hat (Galater 1), nämlich im Hinblick auf die Unmittelbarkeit seiner Christus-Offenbarung, der er vor Damaskus teilhaftig geworden ist.

Diese beiden urchristlichen Autoritäten sind es also, die die innere Linie des Entwicklungsweges von C. G. Jung bestimmen, indem sie auf das Opfer des natürlichen Menschen um der Neugeburt willen und auf die Notwendigkeit geistig-seelischer Urerfahrung aufmerksam machen. Da wir uns nun Klarheit darüber verschaffen sollten, welchem Typus christlicher Frömmigkeit Jung zuzurechnen ist, wird die Eigenart des johanneischen und des paulinischen Christusverständnisses mit berücksichtigt werden müssen.

Schließlich wollen wir einstweilen festhalten, unter welcher begrifflichen Voraussetzung es Jung möglich wurde, zu einem vertieften Verständnis des Nikodemus-Berichtes und der Inzest-Problematik zu gelangen. Es ist eine Bestimmung des Symbolbegriffs, der weder mit einem eindimensional bleibenden »Zeichen« noch mit einer Allegorie, einem bildhaften Vergleich, zu verwechseln ist. Ein echtes Symbol weist immer über das hinaus, was es vordergründig zum Ausdruck bringt. Jungs Symbolbegriff gehört daher zu den Elementen auch einer theologischen Hermeneutik (Verstehenslehre), denen wir uns in einem späteren Abschnitt zuzuwenden haben.

Ein Typus christlicher Frömmigkeit

Gingen wir von der nach wie vor ernst zu nehmenden Feststellung aus, wonach Jung als Psychologe keinerlei religiöse Ziele verfolgt hat, so ist an der Tatsache doch nicht vorbeizusehen, dass er von seinem besonderen Standort aus zu kirchlich-religiösen Erscheinungsformen auf vielfältige Weise Stellung genommen hat. Dadurch hat er sich, sofern er in seiner Bemühung überhaupt verstanden wurde, der Kritik, wenn nicht der Ablehnung durch die Theologie ausgesetzt. So musste er sich Etikettierungen gefallen lassen, durch die er als Häretiker (Irrlehrer) oder als Schismatiker (der außerhalb der Kirche steht) abqualifiziert worden ist. Auf einem anderen Blatt steht, von wo aus derartige Verurteilungen jeweils verhängt werden.

Für die Anwendung der erwähnten Kategorien mag sprechen, dass Jung, an formulierten Dogmen gemessen, in wichtigen Punkten, etwa in der Wesensbestimmung des Bösen oder in der Frage nach der Quaternität, von der offiziellen Kirchenlehre abweicht und dass er damit in eine deutliche Distanz zum kirchlichen Christentum, zum römisch-katholischen wie zum protestantischen, gerät.

Gegen die Anwendung dieser Begriffe auf Jung spricht jedoch Gewichtiges. Sowohl die Bezeichnung Häretiker wie auch die eines Schismatikers ist auf das kirchliche, das im ursprünglichen Wortsinne katholische Christentum bezogen. Der Häretiker weicht von allgemein anerkannten Dogmen ab, ohne sich völlig von der Kirche zu trennen, während der Schismatiker von sich aus oder aufgrund des Schiedsspruchs der verfassten Kirche eine Trennung vollzieht.

Nun hat Jung zwar bestimmten häretischen Gruppierungen, etwa den frühchristlichen Gnostikern, große Aufmerksamkeit geschenkt.[52] Das geschah jedoch nicht etwa, weil er damit ein Bekenntnis zu einer häretischen Strömung ablegen wollte, sondern weil er in der Gnosis der ersten Jahrhunderte eine »Präfiguration«, eine Frühform seiner psychologischen Erkenntnisse suchte. Er sah ein, dass die Psychologie, die mehr als irgendeine andere Wissenschaft der persönlichen Voraussetzung unterliegt, »in hohem Maße auf historisch-dokumentarische Vergleiche angewiesen« sei.[53]

Keinesfalls sollte damit oder durch seine nachfolgenden Forschungen im Bereich der Alchemie eine konfessionelle Standortbestimmung gegeben werden, ganz zu schweigen von einer etwaigen Entfernung vom Christentum als solchem. Jungs generelle Stellungnahme lässt sich in einem Wort aus dem Jahre 1934 so zusammenfassen: »Das Christentum ist unsere Welt. Alles, was wir denken, ist die Frucht des Mittelalters, und zwar des christlichen Mittelalters. Unsere ganze Wissenschaft, alles, was durch unsern Kopf geht, ist unweigerlich durch dieses Historische hindurchgegangen. Das lebt in uns, es ist uns eingeprägt für immer und für alle Zeiten und wird stets eine lebendige Schicht unserer Psyche bilden, ganz wie irgendwelche stammesgeschichtliche Überbleibsel in unserem Körper. [...] Wir sind unweigerlich als Christen geprägt.«[54]

Könnte das während eines Seminarvortrags Gesagte so gedeutet werden, als seien wir lediglich durch ein Schicksalsverhängnis christlich gefärbt, so lassen sich unschwer ergänzende Äußerungen, die der bekenntnishaften Note nicht entbehren, daneben stellen: »Ich lasse der christlichen Botschaft nicht nur eine Tür offen, sondern sie gehört ins Zentrum des westlichen Menschen [...]«[55]

Sicher lässt sich Jung infolgedessen weder als Häretiker noch als Schismatiker einordnen, jedenfalls nicht in dem besprochenen Sinne. Dagegen sei eine andere Bestimmung erwogen, wenn wir davon ausgehen, dass er wohl nicht einfach als »kirchlicher« Christ angesehen werden kann und auch keinen besonderen Wert darauf gelegt hat, der allgemeinen Norm eines kirchlich-konfessionellen Christen zu entsprechen. Er hat aber gleichwohl den Weg, seinen besonderen Weg zu Christus beschritten. Was also liegt hier vor?

Psychologisch betrachtet bietet die Jungsche Typenlehre eine Möglichkeit der Bezugnahme. In ihr sind unter anderem zwei

Einstellungstypen zu unterscheiden: Da ist einmal der extravertierte Mensch, dessen Hauptaugenmerk auf die Objekte der außen wahrnehmbaren Welt gerichtet ist; und da ist andererseits der Introvertierte, dessen Interesse sich vorwiegend innerseelischen Vorgängen zuwendet. Ganz abgesehen von der Berücksichtigung der sogenannten Funktionstypen, die anzeigen, welche seelische Funktion (Denken, Fühlen, Intuieren, Empfinden) jeweils am ausgeprägtesten zur Geltung kommt, ist Jung dem introvertierten Einstellungstypus zuzurechnen. Seine autobiografischen »Erinnerungen« bieten eindrucksvolle Belege dafür.

Nun könnte man auch im religiösen Leben vergleichsweise von verschiedenen »Einstellungen« sprechen, je nachdem sich die Frömmigkeit in einer mehr äußeren, manifesten, von vielen nachvollziehbaren Weise abspielt, oder ob (wohlgemerkt!) dieselben Gegenstände oder Inhalte des Dogmas, der Verehrung, des Kultus, der geistlichen Übung auf dem Wege einer inneren, individuellen Begegnung mit dem Ziele einer tief greifenden Wandlung erfahren werden. Das eine Mal haben wir es mit der exoterischen, sich an alle wendenden Gestalt des Christentums zu tun; das andere Mal mit dem esoterischen Christentum, in dem der einzelne oder bestimmte Gruppen (geistliche Orden oder ordensähnliche Gemeinschaften, mystische Strömungen, meditative Gruppen) bestimmte innere (mystische) Erfahrungen machen.

Jede Religion, auch das Christentum, hat eine solche Außenseite, und sie hat eine Innenseite, die das Zentrum ihrer Mysterien birgt. Das, was in Lehre, Ritus und Kultus, nicht zuletzt im sozialen Leben und in der Hinwendung an die Welt in Erscheinung tritt, ist noch nicht der Gesamtumfang einer Religion. Andererseits ist es nicht jedem gegeben, dieses Zentrum, eben das Mysterium des Glaubens, in seiner Tiefe und Fülle auch nur annähernd zu erfassen bzw. in sich aufzunehmen. Die zweitausendjährige Geschichte der Christenheit kennt genug Beispiele einer esoterischen Frömmigkeit und Spiritualität. Das heißt: Neben der allgemeinen kirchlichen Verkündigung gibt es ein esoterisches Christentum, dessen Wurzeln übrigens schon im Neuen Testament anzutreffen sind – vornehmlich in Gestalten wie Johannes und Paulus! Und in den verschiedensten Spielarten ist das esoterische Christentum in die Geschichte eingetreten und dort bis heute wirksam geworden.

Carl Gustav Jung ist ein esoterischer Christ; als solcher darf er jedoch nicht mit pseudo-esoterischen Dunkelmännern verwechselt werden, weshalb er es energisch ablehnte, mit irgendeinem künstlichen Schleier des Geheimnisses umgeben zu werden.[56]

Echte Esoterik – dies sei hier in der gebotenen Kürze gesagt – hat mit Geheimnistuerei gleich welcher Art nichts zu schaffen. So viele Beispiele es in der Geschichte auch gibt, nach denen bestimmte Mitteilungen Außenstehenden vorenthalten wurden – man denke nur an die Mysterienfeiern der Eucharistie, von der Ungetaufte buchstäblich ausgeschlossen blieben –, »verraten« lässt sich das Esoterische nicht! Auf den christlichen Glauben bezogen ist nur zweierlei möglich: Das Geheimnis des Glaubens lässt sich je und je erfahren, oder man muss feststellen, dass sich diese Erfahrung nicht einstellen will. (Übrigens: Auch schon die leidvolle Wahrnehmung, dem Geheimnis des Glaubens ferne zu sein, aus eigener Kraft ihm nicht näher kommen zu können, ist bereits eine religiöse Erfahrung, sogar eine notwendige, vorläufige!)

Theologische Definitionen oder Interpretationen helfen kaum weiter, wo es an der Gnade mangelt, die letztlich unverfügbar bleibt. Wissen lässt sich vermitteln, auch theologisches Wissen; Erfahrung hingegen lässt sich nicht beliebig austeilen. Nur der Weg oder die Wege können gezeigt werden, auf denen man etwas »erfahren« kann. Erfahrung hat eben damit zu tun, dass ein (innerer) Weg der Wahrnehmung, des Ergreifens und des Ergriffenwerdens beschritten wird. Hier liegt der Grund dafür, dass wir nach dem Weg C. G. Jungs und nach seiner Wegweisung fragen. Ob und wie einer den gezeigten Weg geht, das muss der freien Entscheidung jedes einzelnen überlassen bleiben.

Jung ist nicht nur deshalb den esoterischen Strömungen des Christentums zuzuzählen, weil er sich – wie erwähnt – mit Gestalten und Zeugnissen der christlichen Esoterik als Psychologe auseinandergesetzt hat (mit Gnosis, Mystik, Gralsmythos, Alchemie, Paracelsus, Jakob Böhme und anderen), sondern er verdient diese Zuordnung in erster Linie, weil er selbst einen Prozess durchlaufen hat, wie ihn Menschen »auf dem Wege« zu bestehen haben. So betrachtet ist die Autobiografie »Erinnerungen, Träume, Gedanken« ein durch und durch esoterisches Buch, dessen Wert derjenige am ehesten ermisst, der über entsprechende Eigenerfahrungen oder zumindest über ein entsprechendes Sensorium verfügt. (Es wäre unter Umständen einmal zu prüfen, ob Distanzierungen dem Werk Jungs gegenüber etwa daraus resultieren, dass der Betreffende der Innenerfahrung [Esoterik] als solcher skeptisch gegenübersteht.)

Jungs Berufung auf Johannes und auf das Damaskus-Erlebnis des Apostels Paulus erfolgt deshalb nicht wahllos. Derartige Hinweise sind gerade bei ihm besonders ernst zu nehmen. Ebenso wenig wie dieses Bekenntnis wird die geradezu christozentrische Deutung seines gesamten Werkes unterschätzt werden dürfen, wenn wir lesen, was er dem ehemals orthodoxen Priester Gerhard Zacharias anvertraut hat, als er ihm am 24. August 1953 schrieb: »Wie Origenes die Hl. Schrift als Logos versteht, so ist die Psychologie des Unbewussten auch als eine Rezeptionserscheinung zu deuten. Dabei ist das vorher gewußte Christus-Bild allerdings nicht durch menschliche Vermittlung in die Erscheinung getreten, sondern der transzendentale (›totale‹) Christus hat sich einen neuen, spezifischeren Leib geschaffen. Das Reich Christi bzw. der Bereich des Logos ist ›nicht von dieser Welt‹, sondern eine der Welt übergeordnete Sinngebung, deshalb ist es so beklagenswert unrichtig, wenn die Theologie jedes Mal, wenn sie eine ihrer unvermeidlichen Aussagen contra naturam macht, sich ängstlich nach einer rationalen Entschuldigung umsieht [...]«[57]

3. C. G. Jungs Wegweisung zu Christus

Der Ruf »Zurück« – ein Ruf, der in verräterischer Weise immer wieder laut wird – ist viel mehr als etwa nur die Sehnsucht nach einer »guten alten Zeit« oder nach einer risikoärmeren, angeblich goldenen Vergangenheit. Es verbirgt sich darin die Sehnsucht nach Rückkehr in den Mutterschoß. Sie ist unmöglich. Ihr steht nach christlicher Erkenntnis nur eine einzige Alternative gegenüber, und Jung entschied sich für diese Alternative: Es ist die Wiedergeburt als eine Neuwerdung im Sinne des Johannesevangeliums; es ist eine Geburt »von oben« her, nicht aber eine, die auf naturhaften Möglichkeiten beziehungsweise Unmöglichkeiten gründet.

Erkenntnis durch Glauben

Wie sieht nun die Wegweisung aus, die C. G. Jung zu geben vermag? Und inwiefern sind darin Faktoren enthalten, die als originär christlich angesprochen werden müssen?

In einem geschichtlichen Augenblick, in dem ungezählte Menschen in der westlichen Welt, vor allem in der jungen Generation, sich Rat und Hilfe suchend nach dem Osten wenden, ist diese Frage dringlich geworden. Lässt man die Phänomene zu sich sprechen, beispielsweise die einzelnen Wellen von Jugendbewegungen, die allein im 20. Jahrhundert in Erscheinung getreten sind, dann finden wir darin das starke Verlangen nach Erlebnis und nach Veränderung des Bestehenden.

Hatte J. J. Rousseau einst im Jahrhundert der Französischen Revolution die Parole »Zurück zur Natur!« ausgegeben, von der die Romantiker auf ihre sublime Weise schwärmten, so erfasste diese Sehnsucht zu Beginn die damalige Jugendbewegung wie ein Rausch. Der Erste Weltkrieg forderte einen gewaltigen Blutzoll von eben dieser Wandervogel-Generation. In kaum veränderter

Form konnten diese Ideale, wenig später in der Verkleidung durch Schlagworte wie Rasse, Blut, Boden, begeistern, ja fanatisieren. Das geschah in Deutschland zwischen den beiden großen Kriegen. Der totale Zusammenbruch, nicht zuletzt einer ganzen »Weltanschauung«, war unausweichlich.

In der Geschichte nach der Jahrhundertmitte heben sich zwei gegensätzliche Tendenzen ab: Da sind auf der einen Seite die Jugendlichen, die vom Willen nach radikaler politischer und gesellschaftlicher Veränderung erfüllt waren, und auf der anderen diejenigen, die von der revolutionierbaren Welt und Gesellschaft Abschied nahmen, indem sie aus der Zivilisation »ausstiegen«, einem unklaren Mystizismus huldigend, dem Drogenkonsum verfallend. Verlangten die einen eine totale Veränderung der Außenwelt, so trachteten die anderen nach einer nicht minder totalen Revolutionierung der inneren Welt, das heißt ihres Bewusstseins.

Alle diese Erscheinungen sollen hier nicht weiter besprochen werden. Aber es ist nicht zu übersehen, dass Mystizismus – sei es ein orientalisierender oder ein so oder so neupietistisch gearteter – bei aller Fragwürdigkeit im Ansatz ein Verlangen nach neuen Erlebnisweisen anzeigt.[58] Es ist der starke Drang nach echten Transzendenzerlebnissen, wie sie durch einen allein nach außen gerichteten revolutionären Aktivismus nicht erlangt werden können.

Es bleibe dahingestellt, ob sich wenigstens ein Teil dieser Sucher darüber im Klaren ist, dass eine Veränderung der gesellschaftlichen Strukturen ohne eine freilich nicht durch Drogen verfälschte Veränderung des Bewusstseins und der tieferen Seelenschichten ein tatsächlich unbefriedigendes Unternehmen darstellt. Gerade hier hätte eine Wegweisung zu erfolgen, eine Wegweisung, zu der die Kirche in ihrer Gesamtheit offensichtlich nicht in der Lage war und ist, wie die Bilanz der kirchlichen Jugendarbeit und der Erwachsenenbildung – von wenigen leuchtenden Beispielen abgesehen – zeigt.[59]

Das Scheitern der einseitig auf Naturerleben hin ausgerichteten oder an älteren Bewusstseinsstrukturen östlicher Prägung orientierten Jugendbewegungen aber zeigt noch etwas anderes. Der Appell »Zurück zur Natur!«, oder wie immer die ausschließlich auf das Potenzial leiblicher und seelischer (Natur-)Gegebenheiten sich berufenden Parolen lauten mögen, ist fragwürdig.

Die Menschheit hat aufs Ganze gesehen den bergenden Mutterschoß des Naturgegebenen verlassen. Sie hat auch ihre Kindheits- und Jugendzeit hinter sich gebracht, in der ganze Völkergruppen, Nationen, Sippen, Familien, kurz: die gewachsenen kollektiven Verbände ihr Leben und das Leben eines jeden einzelnen ordneten, auch lenkten und schützten. »Im Arm der Götter wuchs ich groß [...]« konnte noch Hölderlin sagen und damit auf eine Menschheitsvergangenheit zurückweisen, aus der wir kommen. Es war die Zeit, in der es »noch« eine unmittelbare, ungebrochene Erfahrung der religiösen Wirklichkeit gab, in der man sich noch nicht des Psychiaters bedienen musste, wenn Menschen Visionen hatten, Stimmen der Prophetie vernahmen, Engeln begegneten und dem Teufel »leibhaftig« gegenübertraten.[60]

Bevor der »Tod Gottes« ausgerufen wurde (Jean Paul, Hegel, Nietzsche), kannte die Menschheit »noch« so etwas wie einen »naturhaften« Zugang zur göttlich-geistigen Welt. Sie erfuhr noch eine Ganzheit des Lebens, ohne dass jeder Einzelne über die Lebensproblematik in der heutigen Weise nachdenken musste. Das taten die »Hirten der Menschheit« für ihn stellvertretend, die Religionsstifter, die Priester und Propheten, aus deren Händen das Volk das »Gesetz« empfing und von denen es den Willen Gottes vernahm. Mit zunehmender Bewusstseinserhellung und Mündigwerdung traten die Autoritätsprobleme auf, die wir kennen, etwa an der Schwelle zwischen Mittelalter und Neuzeit, als sich in Europa der Wille zur Autonomie durchzusetzen begann, als das Gewissen des Einzelnen erwachte, der Zweifel zum Prinzip des Erkennens erhoben wurde (Descartes) und das naturwissenschaftliche Denken die Welt eroberte.

All das, was hier nur stichwortartig angedeutet werden kann, hat für den einzelnen Menschen einschneidende Konsequenzen.

Der Zugewinn an Bewusstheit, der sich heute als ein Verlangen nach gesellschaftlicher Emanzipation, nach Selbstbestimmung und Mitbestimmung (im weitesten Wortsinne) äußert, verweist den Einzelnen in einem bisher noch nicht da gewesenen Maße auf sich selbst. Wir sprechen von Selbstverantwortung und von der Verantwortung des gottunmittelbar gewordenen Menschen.

Der Ruf »Zurück« – ein Ruf, der in verräterischer Weise immer wieder laut wird – ist viel mehr als etwa nur die Sehnsucht nach einer »guten alten Zeit« oder nach einer risikoärmeren, angeblich goldenen Vergangenheit. Es verbirgt sich darin die Sehnsucht nach Rückkehr in den Mutterschoß. Doch sie ist unmöglich. Diese Sehnsucht aber hat die erwähnten geschichtlichen Versuche zum Scheitern verurteilt. Ihr steht nach christlicher Erkenntnis nur eine einzige Alternative gegenüber. Wir sprachen bereits von ihr (im Nikodemus-Abschnitt), und Jung entschied sich für diese Alternative: Es ist die Wiedergeburt als eine Neuwerdung im Sinne des Johannesevangeliums; es ist eine Geburt »von oben« her, nicht aber eine, die auf naturhaften Möglichkeiten bzw. Unmöglichkeiten gründet. Was das Gespräch Christi mit Nikodemus enthüllt, das ist bereits im Johannes-Prolog deutlich ausgesprochen: »Wie viele ihn – den Christus-Logos – (in sich) aufnahmen, denen gab er Macht, Gottes Kinder zu werden, die an seinen Namen glauben, welche nicht von dem Geblüt noch von dem Willen des Fleisches noch von dem Willen eines Mannes, sondern von Gott geboren sind.« (Johannes 1, 12 f.)

Danebenzuhalten ist die alte Feststellung des nordafrikanischen Kirchenvaters Cyprian (3. Jahrhundert): »Extra ecclesiam nulla salus – außerhalb der Kirche gibt es kein Heil.« Diese Feststellung – sofern sie heute noch gehört, ihrer Intention nach verstanden und ernst genommen werden kann – ist geeignet, einen nach christlicher Erneuerung fragenden Menschen zu entmutigen. Und wer – mit Jung – sagen muss, dass er von der Gnade, glauben zu können, ausgeschlossen sei, der gerät unter Umständen in eine ähnliche Situation wie Martin Luther, der als Mönch mit der

Frage nach dem gnädigen Gott rang und erleben musste, dass alle geistlichen Reichtümer der kirchlichen Tradition ihm seine Gewissensnot ebenso wenig erleichtern konnten wie die rechtmäßigen Autoritäten der Institution Kirche. Selbst der mit ernstem Verlangen vollzogene Sakramentsempfang (Beichte, Kommunion) konnte ihm die leidvolle Innenerfahrung nicht ersparen. Denn: »[...] die Angst mich zu verzweifeln trieb, daß nichts denn Sterben bei mir blieb, zur Höllen musst' ich sinken.«

Diese Verszeilen aus Luthers Lied »Nun freut euch, lieben Christen g'mein« dokumentieren seinen eigenen Prozess. So sehr sich nun die Bewusstseinslage und die existenzielle Problematik seit dem 16. Jahrhundert verändert hat, in einem wesentlichen Punkt erscheint die Erinnerung an die Seelenangst des Wittenberger Augustinermönchs aktuell, nämlich darin, dass von außen an den Menschen herangetragene Formeln – und mögen sie altehrwürdigen Überlieferungen entstammen – keinen Ersatz und keine Stellvertretung für die Selbsterfahrung zulassen.

Zu dieser allgemeinen Feststellung tritt eine Einsicht hinzu, die in jüngster Zeit bei konfessionell ganz unterschiedlich orientierten kirchlichen Gruppen gewonnen worden ist. Es ist die von der Kirche zwar immer als wichtig angesehene, nun aber in neuer Weise geschenkte Einsicht, dass der Heilige Geist eine wirkende Macht darstellt, von der nicht nur verbal zu sprechen ist, sondern deren Strahlkraft sich der Mensch aussetzen soll. Damit sei gar nicht allein an spektakuläre Manifestationen der besonderen Geistesgaben (Charismata) gedacht, von denen einzelne Menschen überrascht werden oder durch die so genannte charismatische Gruppen in der kirchlichen Öffentlichkeit hier und da Staunen erregen. Phänomene dieser Art (zum Beispiel das Zungenreden), die als solche nicht zu unterschätzen sind, können in einem entscheidenden Punkt missdeutet werden, indem man lediglich auf deren äußere Erscheinungsformen achtet, den jeweils zugrunde liegenden Impuls jedoch nicht ernst genug nimmt. Aber eben auf die Beachtung der spirituellen Innenseite der Phänomene käme es an.[61]

Ohne Zweifel ist es vornehmlich die Analytische Psychologie C. G. Jungs, die hierfür Erkenntnishilfen anzubieten hat. Ihr lassen sich auch Maßstäbe für die Urteilsbildung entnehmen. Wir haben es mit einer Hermeneutik, also mit einer Verstehenslehre zu tun, die aber noch mehr als das ist oder doch sein kann. Geht es doch darum, Außerordentliches nicht nur zu interpretieren und zu verstehen, sondern selbst zu erfahren!

Alle diese Hilfen und Maßstäbe sind daher weniger rationaler oder begrifflicher Natur, zumal es hierbei nicht um eine theoretische Auseinandersetzung gehen kann, sondern um eine Annäherung an Wirkungen, die auf dem Erlebnisfeld der menschlichen Psyche Spuren hinterlassen, zugleich aber auf übergeordnete Seinsstrukturen verweisen. Johanneisch ausgedrückt: Diese Erfahrungen verweisen auf »den Weg, die Wahrheit und das Leben«, das heißt: auf Christus.

So kennt die Analytische Psychologie eben nicht nur das Unbewusste als die Summe persönlicher vergessener oder verdrängter Seeleninhalte, sondern sie hat den Nachweis archetypischer, das heißt in der Kollektivpsyche der Menschheit wurzelnder Kräfte erbracht. Im Blick auf dieses kollektive Unbewusste ist jedoch nicht allein die Frage nach dem »Woher« oder nach dem »Was war« möglich, die für die klassische Psychoanalyse nach wie vor eine so entscheidende Bedeutung hat. Diese rückwärts gewandte Betrachtung psychischer Wirklichkeit bedarf der Ergänzung durch eine prospektive, in die Zukunft des Menschen und seine noch nicht ausgeschöpften Möglichkeiten gerichtete Fragestellung. Nicht allein der durch irgendwelche Ursachen festgelegte, sondern der in die Freiheit entlassene Mensch kommt in Sicht!

Vor allem ergibt sich die Frage nach dem »Warum« in ihrer vollen Tiefe, nämlich nach dem Sinn. Ein Psychotherapeut, der sich von dieser Betrachtungsweise leiten lässt, wird sich zum Beispiel nicht damit zufrieden geben, dass der psychisch gestörte Patient seine Vergangenheit bewältigt oder ein »brauchbares Glied der Gesellschaft« wird, indem er sich anpasst. Er wird vielmehr bestrebt sein, an seinem Teil dazu beizutragen, dass der jeweilige Partner zur Selbsterfahrung und damit zum Erlebnis des Sinnes gelangt, was einer Intensivierung und Vertiefung des Lebens gleichkommt. Das entspricht einer Öffnung für Gott als »der allersichersten unmittelbaren Erfahrung«.[62]

Wo die Frage nach dem Sinn mit existenzieller Dringlichkeit, also nicht etwa bloß um einer akademischen Erörterung willen gestellt wird, wo ein Sinn erhellendes Innewerden aufblitzt, sei es mitten in der Bearbeitung von Träumen oder in anderen Zusammenhängen tiefenpsychologischer Bemühung, da ist bereits die nur psychische Dimension durchschritten. Wirkungen des Geistes, der »höher ist als alle menschliche Vernunft«, treten in den Bewusstseinshorizont ein und verlangen nach Integration.

Das Menschsein enthüllt sich immer mehr als ein Prozess und somit als ein Mensch-Werden. Der eigenen Existenz erschließt sich die Möglichkeit, an diesem Werden teilzuhaben. In der Selbst-Werdung – Jung nennt es Individuation – wird dieser lebenslang währende Prozess angetreten. Wir haben es mit einer Selbstverwirklichung zu tun, die mit Hilfe der Analytischen Psychologie (oder auf einem vergleichbaren anderen modernen Initiationsweg) bewusst erlebt werden kann, während die wesentlichen Stadien dieses Reifungsvorgangs sonst weitgehend unbewusst bleiben.

Und gerade da, wo es um einen auf dieses Ziel der vollen Menschwerdung ausgerichteten Weg geht, liegt es nahe, nach demjenigen zu fragen, der als der Menschgewordene (»Menschensohn«) den Weg des Menschen gegangen ist und der als der wahre Mensch im Besonderen der westlichen Menschheit vor Augen steht, auch wenn er ihr in seiner Geistgestalt schon lange nicht mehr bzw. noch nicht deutlich genug bewusst ist: Christus.

Umgekehrt gilt: Eine Psychologie, die nicht nur Lehre von der Psyche ist, nicht nur Interpretations- oder Anpassungs- oder Manipulationshilfen bietet, sondern die Führung und Geleit auf dem Individuationsweg zu geben vermag, ist ohne eine ihr innewohnende, in ihr wirksam werdende Christustendenz – und wäre diese noch so verborgen – gar nicht zu denken. Auch wenn von C. G. Jung gar keine besonderen Äußerungen zum religiösen Leben im allgemeinen, zur christlichen Gotteserfahrung im Besonderen vorlägen, wäre mit einer latenten Christustendenz zu rechnen; und es wären entsprechende in der Sache selbst liegende Hinweise auf den Christus als auf die in der heutigen Menschheit zur Geltung kommende Wirklichkeit zu erwarten.

Ohne sein Prinzip empirischer Wissenschaftlichkeit und erkenntnistheoretischer Begrenzung bei seinen psychologischen Deutungen generell aufzugeben, hat Jung aber eben nicht geschwiegen, wenn es darum ging, das Nicht-mehr-Psychische als existent anzuerkennen. Von daher sind die zahlreichen bekenntnishaften Äußerungen, die sich vornehmlich in seinem Spätwerk finden, zu verstehen. Wir können in ihnen Hinweise auf den außerpsychisch-pneumatischen Hintergrund erblicken. Es sind gleichsam Hinweise auf das »Mysterium magnum«, wie es Jakob Böhme genannt hat, jene nicht wissenschaftlich zu beweisende, sich wohl aber je und je erweisende Gegenwart des göttlichen Geistes, der »höher ist als alle Vernunft«.

Und diese Gegenwart ist seit den Tagen der ersten, in der Parusie-Hoffnung lebenden Christenheit durch keinen anderen als durch Christus selbst repräsentiert. Sie muss nicht erst in Lehrbüchern und Bekenntnisschriften definiert werden, um dann auch noch »geglaubt« zu werden, sondern diese Gegenwart des Christus wird zu einer Erfahrung sowohl für den Glaubenden als auch für den, der auf dem Individuationsweg der Selbst-Werdung Fortschritte macht. Das eine Mal tritt der Glaubende (nicht der Fürwahr-Haltende!) in die Beziehung mit dem Herrn seines Lebens, angerührt und erschüttert etwa wie Thomas (»Mein Herr und mein Gott!«).

Das andere Mal, das heißt, wenn der traditionelle Glaube an Christus verbaut ist, kommt es zur Konfrontation mit dem archetypischen Bild der Ganzheit, mit dem Gottes- und Christusbild. Dieses entspricht, psychologisch ausgedrückt, dem Selbst.

Eine »zwingende Numinosität«[63] ist es, die den Menschen ergreift; sei es, dass er mit dem theologischen Problem ringt, ihn, den Unfassbaren und doch Geoffenbarten, begrifflich-theologisch fassbar zu machen – wir denken an die erbitterten dogmengeschichtlichen Auseinandersetzungen –; sei es, dass einzelne vom Geist Ergriffene einen Weg suchen, um angesichts der Erschütterungen vom Transzendenten her standzuhalten. Mit großer Eindringlichkeit hat der Görlitzer Schuster Jakob Böhme (1575-1624) diese große Erfahrung seines an jähen Erleuchtungen[64] reichen Lebens geschildert:

»Von dem göttlichen Mysterio etwas zu wissen, habe ich niemals begehret, viel weniger verstanden, wie ich es suchen oder finden möchte, wusste auch nichts davon als der Laien Art in ihrer Einfalt ist. Ich suchte allein das Herze Jesu Christi, mich darinnen zu verbergen vor dem grimmigen Zorn Gottes und den Angriffen des Teufels [...] In solchem meinem gar ernstlichen Suchen und Begehren, darinnen ich heftige Anstöße erlitten [...] ist mir die Pforte eröffnet worden, dass ich in einer Viertelstunden mehr gesehen und gewusst habe, als wenn ich wäre viel Jahr auf hohen Schulen gewesen, dessen ich mich hoch verwunderte [...]«[65]

Jung, der sich an mehreren Stellen seiner Werke unter anderem auch auf Jakob Böhme beruft, kann auf vergleichbare Erfahrungen verweisen, etwa wenn er 1948 einem katholischen Theologen schreibt: »Ich bin Gott jeden Tag dankbar, dass ich die Wirklichkeit der imago Dei (des Gottesbildes) in mir erfahren durfte. Hätte ich das nicht, so wäre ich ein bitterer Feind des Christentums und der Kirche insbesondere. Dank diesem Actus gratiae (Gnadenakt) hat mein Leben Sinn, und mein inneres Auge wurde aufgetan für die Schönheit und Größe des Dogmas.«[66]

Weil nun der christliche Glaube unzähligen »Christen« zur Unmöglichkeit geworden und Gott für sie »tot« ist, stellt Jungs Psychologie ein nicht zu unterschätzendes Angebot dar. Und dieses Angebot besteht in der Möglichkeit, zu Urerfahrungen zu gelangen.[67] Hierin erblickte Jung selbst die große Aufgabe seiner Forschungsrichtung und therapeutischen Praxis, die letztlich – wenngleich keineswegs ausschließlich! – der Erneuerung der christlichen Verkündigung zugute kommt, nämlich insoweit die Analytische Psychologie zur unmittelbaren Begegnung mit dem Numinosen anleitet.

Selbsterfahrung und Christuserfahrung sind auf diese Weise eng aufeinander bezogen. Damit dürfte aber der Punkt bezeichnet sein, an dem der kirchlich Entfremdete, nach dem Unbedingten Fragende zur Begegnung mit religiöser Wirklichkeit kommen kann. Unter religiöser Wirklichkeit verstehe ich, wie gesagt, nicht unbedingt eine konfessionell geprägte Glaubensfrömmigkeit, sondern die Erfahrung eines »überweltlichen Lebens in der Welt« (Karlfried Graf Dürckheim), die Erfahrung der »Ewigkeit in der Zeit« (Jakob Böhme). Ein solcher Mensch »kann an Christus als den Erlöser glauben, der einst für ihn am Kreuz gestorben ist und durch den alle Dinge gemacht sind, und ihn zugleich als das ureigenste Zentrum seiner selbst, als seine eigene Mitte erfahren. Diese Gegensätzlichkeit nicht nur auszuhalten, sondern als zum Wesen des Menschen und zur Entwicklung gehörig zu erkennen, gehört mit auf den Weg, auf dem dann diese Gegensätzlichkeit selbst mehr und mehr dahinschwindet«, schreibt Graf Dürckheim[68] zur Frage nach dem Sinn der Mündigkeit, einem Werk, das einen wichtigen Kontext zu unseren Erwägungen darstellt, wenngleich es aus anderer Sicht geschrieben ist.

Dass C. G. Jung seiner Psychologie eine Rolle zugewiesen hat, aus der deutlich wird, dass göttliche Offenbarung und psychologische Erfassung miteinander korrespondieren, hebt jener schon erwähnte Brief an den ehemals orthodoxen Theologen Gerhard Zacharias hervor, in dem er die Analytische Psychologie »auch als eine Rezeptionserscheinung« des Christus-Logos deutet, heißt es doch dort: »Der transzendentale (›totale‹) Christus hat sich einen neuen spezifischeren Leib geschaffen [...]«

Es versteht sich, dass ein derart anspruchsvolles Diktum weniger im Sinne eines abgerundeten Resultates gemeint sein kann. Es ist mehr eine Zielangabe und mehr Hinweis auf einen Weg, auf den Weg. Man wird nicht gerade sagen können, dass Jung eine theologisch befriedigende Wesensbestimmung des christlichen Glaubens gegeben habe. Dergleichen lag – aus den bekannten Gründen – auch gar nicht in seiner Absicht. Zweifellos gilt es aber, jene Gnosis-(Erkenntnis-)Funktion des Glaubens zurückzugewinnen, die Männern wie Johannes und Paulus sowie vielen erleuchteten Vätern und Müttern der Christenheit zugänglich war: der Glaube als ein Erkenntnisorgan höherer Ordnung! Letztlich hat Jung immer eine Erfahrung im Sinn, die dieser erkenntnismäßigen Intensivierung des Glaubens entspricht.[69]

Es muss – so lautet die Aufgabe, zu deren Lösung die Analytische Psychologie beitragen kann – zu einer innigen Durchdringung von Glaube und erkenntnisgetragener Erfahrung kommen. Damit stünde der Christenheit eine große »Blindenheilung« bevor, deren sie dringend bedarf, um das »Licht der Welt« zu sehen und gleich dem Täufer Johannes »Zeugnis von dem Licht« abzulegen, »damit sie alle, die ganze Menschheit, glauben« (Johannes 1, 7). Und dieser Glaube ist eben von einer ganz anderen Qualität als ein »blinder Glaube«. Er ist sehender, erkennender, erfahrender Glaube!

Die Zielsetzung, die wir im Auge haben, hat der katholische Theologe Johannes B. Lotz in einem Dialogbeitrag für den Grafen Dürckheim so umschrieben: »Solange der Glaube getrennt von der großen Erfahrung oder mindestens ohne tiefere Verbindung mit ihr seinen Weg geht, reicht er noch nicht bis in den Grund der Seele oder bis in das Herz des Menschen hinab und kommt infolgedessen nicht zu seiner vollen Lebendigkeit und Fruchtbarkeit, Festigkeit und Dauer. Allein wenn der Glaube in die große Erfahrung als dem menschlichen Kern jeder lebendigen Religiosität hineinwächst, schlägt er wahrhaft Wurzeln im Menschen oder wird dieser ganz mit ihm eins. Namentlich strahlt der Erfahrungscharakter der großen Erfahrung auf den christlichen Glauben über; je reicher sie ihn durchseelt, desto mehr nimmt er, der zunächst nicht Erfahrung ist, das Geprägte der Erfahrung an und reift so zum erfahrenen Glauben.«[70]

Religiöse Erfahrung

Das Buch, da alle Heimlichkeit innen lieget, ist der Mensch selber. Er ist selber das Buch des Wesens aller Wesen [...] Das große Arkanum lieget in ihm. Allein das Offenbaren gehöret dem Geiste Gottes«

Jakob Böhme

Bezüglich der Christustendenz kann eingewendet werden, die Tiefenpsychologie im allgemeinen, die Analytische Psychologie Jungs im Besonderen sei doch schon vom Ansatz her etwas anderes als ein zur Christuserfahrung hinführender Weg. Was in der psychotherapeutischen Arbeit oder was im Zusammenhang psychologischer Selbsterfahrung geschieht, berühre zwar – und dies in unterschiedlicher Weise – die religiöse Thematik, vermöge auch hier und da das geistliche Leben eines Christen zu befruchten, sie sei jedoch nicht darauf angelegt. Man müsse deutliche Grenzlinien zwischen der Psychologie auf der einen und dem christlichen Glauben auf der anderen Seite ziehen, um unnötige Missverständnisse gar nicht erst aufkommen zu lassen.

An diesem Einwand ist sicher so viel richtig, dass sich Jung – ganz abgesehen von der jeweils geübten heutigen analytischen Praxis – von irgendwelchen Missionsabsichten in der einen oder in der anderen Richtung völlig freihielt. Nach dem bisher Besprochenen ist es auch unzweifelhaft, weshalb er sich derlei Absichten oder Wünschen versagen musste. Die Ablehnung religiöser Wirksamkeit oder des Versuchs einer gezielten christlichen Beeinflussung ist bei ihm nicht einfach individuell und schicksalhaft bedingt gewesen, wie diejenigen annehmen, die auf Jungs Abkunft verweisen, von der er sich habe befreien müssen. Dabei kann man sich auf ein Wort des fünfundachtzigjährigen Carl Gustav Jung beziehen, der in einem Brief aus seinem letzten Lebensjahr den Hinweis gibt: »Vater und Mutter sind nicht nur persönliche Größen, sondern haben auch überpersönliche Bedeutung und werden daher vielfach als Symbole für die Gottheit verwendet. Auf diese Weise kehrt die unwillkürliche religiöse Weltanschauung, die vorn aus dem Hause hinausgeworfen wurde, durch die Hintertüre wieder hinein, allerdings in seltsam geänderter Gestalt, so geändert, dass niemand es bisher gemerkt hat.«[71]

Und doch muss man andererseits auch sagen, dass Religion und Tiefenpsychologie, Seelsorge und Psychotherapie, religiöses und ärztliches Wirken eine Abgrenzung der Kompetenzbereiche prinzipiell verlangen. Die Zeit der Priester-Ärzte ist vorüber, und von religiös motivierten charismatischen Heilern, die es fraglos auch heute noch, heute wieder gibt, sehen wir hier ab, zumal da von Fall zu Fall entschieden werden muss.

Die grundsätzliche Kompetenzbegrenzung ist im wesenhaften Unterschied theologischer und psychologischer Betrachtung begründet. An dieser Stelle darf – um ein Beispiel zu nennen – auf die eingehende Behandlung dieses Problems durch Gerhard Zacharias verwiesen werden, der die Differenz unter anderem anhand des psychologischen und theologischen Transzendenzbegriffes darlegt. Die für uns wesentlichen Zwischenergebnisse seiner Untersuchung lassen sich wie folgt zusammenfassen: »Während der Transcensus im psychologischen Sinne das Bewusstsein und das Unbewusste übersteigt, übersteigt der Transcensus im theologischen Sinne die Welt im Ganzen [...] Der psychologische Transcensus bleibt immer innerhalb der Grenzen der Natur [...] Die theologische Transzendenz ist durch die psychologische Transzendenz nicht einholbar. Das, worauf hin die Transzendenz im psychologischen – Sinne transzendiert, ist immer schon durch die Transzendenz im theologischen Sinne überstiegen. Das Subjekt des psychologischen Transcensus ist das Selbst, das Subjekt des theologischen Transcensus ist Gott.«[72]

Auch der elementare theologische Satz, auf den vornehmlich die Dialektische Theologie Karl Barths den entscheidenden Akzent gesetzt hat, bleibt in Gültigkeit: Gott ist im Himmel, der Mensch ist auf der Erde! – Das Problem liegt indes bei der Frage nach der Beziehung und nach der »Anknüpfung«. Und hier scheiden sich freilich die Geister! Denn ohne die gezogenen Grenzlinien zu verwischen, ist doch mit Jung – gegen Barth – festzuhalten, dass nur der zur Gottesbeziehung fähige, von Gott befähigte Mensch von Gott wissen, ihn hören und ihm gehorchen kann.

Der Transzendente hat sich nicht erst in einem geschichtlichen Augenblick vor zweitausend Jahren dem Menschen zugewandt, sondern er hat sich immer, genauer: unaufhörlich als der Anwesende zu erkennen gegeben. Martin Buber übersetzt daher den Gottesnamen, wie er anlässlich der Offenbarung am Sinai für Mose laut geworden ist, nicht in der herkömmlichen Weise mit: »Ich bin, der ich bin«, sondern mit »ICH BIN DA« (2. Mose 3, 14).

Und Jung kommentiert in anderem Zusammenhang: »Es ist [...] psychologisch gänzlich undenkbar, dass Gott das ›ganz Andere‹ schlechthin sein sollte; denn ein ›ganz Anderes‹ ist niemals das der Seele innigst Vertraute, was Gott eben auch ist. Psychologisch richtig sind nur paradoxe resp. antinome Aussagen.«[73] Er ergänzt diese Feststellung in seinem Kommentar zu »Das Geheimnis der Goldenen Blüte«: »Wenn ich annehme, dass ein Gott absolut und jenseits aller menschlichen Erfahrung sei, dann lässt er mich kalt. Ich wirke nicht auf ihn, und er nicht auf mich.«[74]

Damit ist das Religiöse als ein Letztliches angesprochen. Von ihm sagt – in Übereinstimmung mit Jung – Ulrich Mann: »Es zieht den Menschen so stark in den Sog der Einswerdung von Religion und Psyche hinein, dass eine selbstständige Psychologie hier völlig überflüssig, ja sinnlos wäre, da ihre Aufgaben ohnehin erfüllt sind.« Und weiter: »Der religiöse Aspekt auf die Psyche vermag erst die volle Mächtigkeit des Unbewussten zu erhellen [...] Ohne diesen religiösen Aspekt wird die Psychologie immer nur zu Erkenntnissen vordergründiger Sachverhalte gelangen [...]«[75]

Es muss somit einen »Ort« im Menschen geben, an dem sich diese Beziehung ereignen kann. Der Mensch muss selbst dieser Ort und dieser Bezugspunkt sein. Daran haben die aus eigener Erfahrung Wissenden, man könnte auch sagen: die wahren christlichen Esoteriker, in der zweitausendjährigen Geschichte der Christenheit nie einen Zweifel gelassen, weder die ersten Christuszeugen, die frühen Kirchenväter noch die großen Mystiker der vor- und der nachreformatorischen Zeit. Kein Geringerer als Augustinus hat das Thema seines an Spannungen überreichen Lebens auf den einfachen, freilich bisweilen auch missverstandenen Nenner gebracht: »Deum et animam scire cupio – Gott und die Seele will ich erkennen.«[76]

Für Jung ist dieser Ort der Gottesbeziehung der Archetypus des Selbst. Es ist das Gottesbild im Menschen, Inbegriff, Realpräsenz der Ganzheit, weit über das sich überschätzende Alltags-Ich hinausweisend, Bewusstes und Unbewusstes, ja selbst die Polaritäten und Gegensätzlichkeiten umgreifend, und als solches Gefäß und Wahrnehmungsorgan für den Christus. Denn »die der Seele [...] eingeprägte imago Dei (Gottes Ebenbild) ist ein Bild des Bildes [...] Christus [...] ist die wahre imago Dei, nach deren Ähnlichkeit unser innerer Mensch [...] geschaffen ist«.[77] Und weiter: »Christus veranschaulicht den Archetypus des Selbst. Er stellt eine Ganzheit göttlicher oder himmlischer Art dar, einen verklärten Menschen, einen Gottessohn sine macula peccati, der von der Sünde nicht befleckt ist. Als Adam secundus (zweiter Adam) bildet er eine Entsprechung zu dem ersten Adam vor dem Sündenfall.«[78]

Sprachen wir davon, dass Jung Gehalte der christlichen Botschaft für die therapeutische Arbeit fruchtbar gemacht habe – nämlich im Zusammenhang der Anreicherung (Amplifikation) psychischer Hervorbringungen durch gleichgerichtete religiöse Motive –, dann ist damit bereits zu der Frage übergeleitet, inwiefern Jungs Analytische Psychologie auf Christus als auf eine Wirklichkeit hinweise. Als Arzt und Psychologe, der selbst einen, gewiss außerordentlichen, Weg zu Christus gefunden hat, legte er den allergrößten Wert auf die Feststellung, dass seine Forschung und psychotherapeutische Praxis allein dem zugewandt bleibe, was sich in der menschlichen Psyche manifestiert, etwa auf das archetypische Gottesbild. Wie andere Darstellungsformen des Selbst ist dieses Bild mit Gott ebenso wenig zu verwechseln wie mit Christus.

So lesen wir in seiner Einführung zu »Psychologie und Alchemie«: »Wenn ich daher als Psychologe sage, Gott sei ein Archetypus, so meine ich damit den Typus in der Seele, was bekanntlich von ›typos‹ – Schlag, Einprägung – herkommt. Schon das Wort ›Archetypus‹ setzt ein Prägendes voraus.«[79] Und weiter: »Wir wissen einfach nicht, woraus der Archetypus in letzter Linie herzuleiten ist.« Dieses Eingeständnis ist bisweilen als Ausdruck eines Erkenntnisverzichtes gewertet bzw. missverstanden worden. Dabei verbirgt sich hinter diesem »ignoramus« der Respekt vor dem Mysterium des verborgenen Gottes. Und der religiöse Mensch »weiß« ohnehin: Gott ist größer als unser Herz; von einem unvergleichlichen, qualitativen »Größer« ist hierbei die Rede!

In seinem Aufsatz »Über den indischen Heiligen«, 1944 als Einführung zu Heinrich Zimmers Werk »Der Weg zum Selbst – Lehre und Leben des indischen Heiligen Shri Ramana Maharshi aus Tiruvannamalei« niedergeschrieben, kommt Jung auf diese Problematik zu sprechen, indem er sich zu der erkenntniskritischen Beschränkung bekennt, die dem östlichen Menschen fremd zu sein scheint. Und Erkenntniskritik ist nicht Erkenntnisverzicht! Seine, die westliche, Psychologie aber »reserviert sich (daher) die Armut oder den Schatz des Nichtwissens um das Selbst«.[80] Diese Formulierung ist aufschlussreich und gibt zu denken. Jedenfalls lässt sie durchblicken, dass »Armut« durchaus »Reichtum« oder eben ein Schatz sein kann. Und zwar ist das im Sinne der Bergpredigt Jesu der Fall (Matthäus 5, 3), sobald sich ein Mensch seiner Armut im Geiste bewusst ist und sich für die Geist-Begabung offen hält.

Aniela Jaffé, die der Beziehung der Seele zur religiösen Wirklichkeit eine Betrachtung gewidmet hat, fasst ihr Ergebnis mit den Worten zusammen: »Die Psychologie richtet ihr Augenmerk nicht auf das Prägende, nicht einmal auf das Selbst als solches, sondern beschränkt ihre Untersuchungen auf das Geprägte, auf die vom Archetypus angeordneten Manifestationen in der menschlichen Seele. Auch das ›Selbst‹ ist ein Modell, das die Psychologie nur aus seinen Wirkungen konstruiert. Dass sie dabei den numinosen Charakter archetypischer Manifestationen und ihre Zusammenhänge mit Aussagen der Religionen feststellte, ist eine ihrer bedeutsamsten Entdeckungen.«[81]

Worin besteht aber der Nutzen für den, der an Erlebnisse herangeführt wird, die in diesem Sinne als Selbsterfahrung betrachtet werden können? – Abgesehen von dem Wert, den solche Erfahrungen an sich haben, indem sie ein Gleichgewicht zwischen dem Bewusstsein und dem Unbewussten herstellen, klärend, Ganzheit konstellierend wirken, wohnt diesen Erlebnissen eine Deutekraft inne, die ihrerseits ein Licht auf den Vorgang der Selbst-Werdung wirft. Die archetypischen Bilder, die aus dem Unbewussten aufsteigen, weisen – ähnlich den Symbolen – über sich hinaus. Das Geprägte verweist auf das Prägende.

Von daher gesehen ist es wohl auch erlaubt, zu sagen: Das Ganzheit repräsentierende Christus-Bild verweist auf den, der seine Gegenwart, sein Licht, sein Leben verheißen hat. Und bekanntlich finden sich solche Zusagen vor allem im Johannesevangelium. Sie sind dort bezeichnenderweise in die Form der sieben Ich-bin-Worte Jesu gekleidet. Hier sei nur soviel gesagt, dass diese bedeutsamen Selbstaussagen buchstäblich als Selbst-Aussagen, eben als Aussagen des wahren Selbst genommen werden wollen. In der Sprache der Analytischen Psychologie würde das heißen: Es spricht in diesen Ich-bin-Worten nicht das Alltags-Ich des historischen Jesus von Nazareth. Wäre das der Fall, so bestünde Anlass, das seelische Gleichgewicht dieses Mannes infrage zu stellen. Wir haben es in diesen majestätischen Worten vielmehr mit den Selbst-Bezeugungen des Christus-Logos zu tun, der »ehe Abraham war«, der ist und der in der Kraft des Geistes sein wird.

Damit soll keineswegs die Frage entschieden sein, ob die von der Analytischen Psychologie angebotenen Denkmaterialien und Begriffsbildungen auch nur annähernd ausreichen, um die das Selbst eines Menschen transzendierende Wesenheit Christi zu beschreiben und auf diese Weise dem heutigen Bewusstsein zugänglich zu machen. Was aber gesagt wird, das ist, dass wir in der Analytischen Psychologie C. G. Jungs einen begehbaren, erfahrbaren Weg finden, der auf die Christus-Wirklichkeit hin ausgerichtet ist. Es ist ein Weg, auf dem der Wanderer damit zu rechnen hat, dass ihm Unvorhergesehenes, gleichsam von vorne her, entgegentritt. In einer solchen Erwartung hat die erste Christenheit mit der plötzlichen Ankunft (Parusie) ihres Herrn »gerechnet«.

Eine der Befürchtungen, die Kritiker Jungs wiederholt ausgesprochen haben, besteht nun darin, dass das Selbst in der Analytischen Psychologie an die Stelle Gottes rücken könnte. Die klare Grenzziehung, auf die Jung selbst so großen Wert gelegt hat, würde infolgedessen verwischt. Zweifellos haben einzelne, für sich isoliert betrachtete Äußerungen Jungs dazu beigetragen, derartigen Missverständnissen Vorschub zu leisten. In solchen Fällen dürfte aber auf den Kritiker selbst zurückfallen, was er dem Kritisierten anlasten möchte. Denn Jung schreibt im Zusammenhang der Ganzheitssymbolik einmal: »Der Platz der Gottheit scheint durch die Ganzheit des Menschen eingenommen zu werden.«[82]

Diese Ganzheit aber findet im Selbst ihren psychischen Niederschlag. Von einer Gleichsetzung kann indessen nicht die Rede sein. Ganzheitssymbole, das Selbst als psychologischer Begriff und ähnliches, sind lediglich menschliche Versuche, »aufgrund eines der Seele eigentümlichen Archetypus ein transzendentes Erlebnis zu beschreiben [...] Wenn ich ›Gott‹ sage, so ist dies ein psychisches Bild. Ebenso ist das Selbst ein psychisches Bild der transzendenten, weil unbeschreiblichen und unerfassbaren Ganzheit des Menschen. Beide Typen sind durch dieselben oder so ähnliche Symbole empirisch ausgedrückt, dass sie nicht voneinander unterschieden werden können [...]«.[83] Mit einem Wort: Nur derartige »Bilder« beschäftigen den Psychologen.

Jungs Aussagen können sich im übrigen auf die Ergebnisse eines zweitausendjährigen bewusstseinsgeschichtlichen Prozesses beziehen, in dem die »psychische Matrix«, das heißt der empfangende, schöpferische Seelengrund der westlichen Menschheit, die Gestalt Christi bewusst und auch unbewusst in sich aufgenommen hat. Und das Ergebnis dieses umfassenden Inkarnationsvorgangs, der sich über ganze Generationsreihen hin erstreckt hat, lässt sich weder durch etwaige atheistische Bekundungen noch durch das Eingeständnis von Zweifel oder Glaubensmangel aus der Seele schaffen. »Bestände nicht eine Affinität (›Magnet‹!) zwischen der Figur des Erlösers und gewissen Inhalten des Unbewussten, so hätte nie ein menschlicher Geist das Licht in Christo erblicken und es mit Inbrunst erfassen können. Das Verbindungsstück beider ist der Archetypus des Gottmenschen, der einerseits in Christo historische Wirklichkeit wurde und andererseits, als ›ewig‹ vorhanden, die Seele als übergeordnete Ganzheit, eben als Selbst, beherrscht.«[84]

Jungs oft als Erkenntnisskepsis gerügte Einstellung ist es, die ihn vor unzulässigen Aussagen schützt. Und zwar auferlegt er sich diesen Verzicht nicht allein deshalb, weil Aussagen über Gott ihm als Nichttheologen nicht zuständen oder weil diese außerhalb seiner fachlichen Kompetenz lägen. Jungs Erkenntniskritik reicht tiefer, insofern sie auch alles theologische Reden von Gott zur Verantwortung ruft. Ohne es eigens auszusprechen, lässt sich doch von der Jungschen Psychologie her die Rückfrage an die christliche Theologie stellen und etwa so formulieren: In welcher Hinsicht ist Rede von Gott überhaupt möglich? Kann der Existierende, Unnahbare, Unnennbare, mit dem beladensten aller Menschenworte Genannte überhaupt »Gegenstand« menschlicher Rede sein? Ist es nicht nur ein wie auch immer geartetes Bild oder Abbild des im Grunde Bildlosen, Nichtabbildbaren, das als Vorstellungsinhalt in den menschlichen Erkenntnishorizont hineinreicht?

Gewiss sind derlei Fragen der Theologie nicht fremd, wenn wir beispielsweise an Rudolf Bultmanns Aufsatz denken: »Welchen Sinn hat es, von Gott zu reden?« (1925). Niemand wird behaupten wollen, dass erst C. G. Jung kommen musste, um sie in letzter Dringlichkeit zu stellen. Jung macht immerhin von seinen Voraussetzungen her klar: Von Gott »an sich« kann im Grunde niemals gesprochen werden. Alle Aussagen, ganz gleich, ob es sich um theologische handelt oder um solche, die unter Zuhilfenahme anderer Denkkategorien versucht werden, beziehen sich immer nur auf das Gottesbild, nämlich auf das, was als Gedanke, Vorstellung oder Begriff zum Gegenstand menschlicher Reflexion erhoben wird. Klarer als manchem Theologen ist ihm, dem Psychologen, wovon im religiösen Bezirk eigentlich gesprochen werden kann und wovon nicht.

Einem amerikanischen Briefschreiber, der Anstoß an dem Buch »Antwort auf Hiob« genommen und der geraten hatte, es genüge zu wissen, dass Gott die Liebe sei, schrieb Jung noch im letzten Lebensjahr: »In Wirklichkeit befasse ich mich mit anthropomorphen Darstellungen [...] Warum soviel Aufhebens über Symbolgeschichte, wenn doch alles ganz klar ist und in die kurze Formel ›Gott ist Liebe‹ zusammengefasst werden kann? Sie scheinen es zu wissen. Ich weiß viel weniger von Gott, denn alles, was ich über das höchste Unbekannte sagen könnte, ist in meinen Augen arroganter Anthropomorphismus. Sie hätten einen Blick in mein einleitendes Vorwort tun sollen, dann hätten Sie entdeckt, dass mein kleines Buch sich nicht im geringsten dafür interessiert, was Sie oder ich von Gott glauben, sondern nur und in aller Bescheidenheit dafür, was die Symbolgeschichte dazu zu sagen hat. Da Sie diesen kleinen Unterschied nicht bemerkten, missverstanden Sie mein ganzes Argument, so als hätte ich über das Wesen Gottes geschrieben.«[85]

Es ist also das jeweils in der Psyche aufleuchtende Gottesbild, das durch ein Ganzheitssymbol manifest werden kann. Insofern, und allein insofern, entspricht das Selbst dem Gottesbild. Damit ist die »Stelle« bezeichnet, an der etwas erfahren werden kann von dem, »was höher ist als menschliche Vernunft«.

Damit ist auch exakt der Punkt bezeichnet, den Jung zu überschreiten nicht gewillt war. Wir könnten von den biblischen Zeugnissen her sagen: Was jenseits dieses Punktes liegt, ist ohnehin das (und der) Transzendente, angesichts dessen die Seher und Propheten jäh verstummen, weil sie – wie Jesaja – erkennen, dass sie »unreiner Lippen« sind. Die Glaubensgeschichte des alten Israel und des neuen Bundesvolkes bietet genügend Beispiele, die für die Erfahrung der »Allmacht« Gottes stehen und bei denen der Ergriffene weiß, dass Attribute wie Allmacht und dergleichen den »Allmächtigen« nicht etwa fassbarer machen, als wäre nicht auch hier der Mensch einem Bild, einem freilich übermächtig wirkenden Gottesbild gegenübergestanden.

Worin liegt dann die Bedeutung Jungs? – Sie liegt in unserem Zusammenhang wohl darin, dass er die Vorläufigkeit aller menschlichen Rede von Gott aufs neue bewusst gemacht hat. Doch das ist nur das eine. Das andere liegt darin, dass es einen »Ort« gibt, an dem der Mensch die Gottesbeziehung zur Erfahrung bringen kann. Es ist kein beliebiger Ort. Es ist der Mensch selbst, der anrufbare, der von Gott in seiner Geschöpflichkeit angeredete, berufene Mensch. Mit dem Menschsein ist die Beziehungsfähigkeit gestiftet: »Auf Gott hin hast du uns geschaffen«, sagt schon Augustinus. Was aber an der Jungschen Psychologie deutlich werden kann, ist doch dies: Das von Gott selbst in der Seele Veranlagte (anima naturaliter Christiana) kann unentfaltet bleiben, ein »Talent«, das der Mensch im Gleichnis Jesu vergräbt; es kann aber auch zu dem entwickelt werden, das der Mensch vor seinem Schöpfer und Erlöser werden soll.

Unter diesem Aspekt betrachtet – es ist im besonderen Maße ein psychologisch-psychagogischer Gesichtspunkt – ist Menschsein ein Unterwegssein, ein Unterwegssein zur Vereinigung mit dem wahren Selbst, denn: »Es ist noch nicht erschienen, was wir sein werden. Wir wissen aber, wenn es erscheinen wird, dass wir ihm gleich sein werden« (1. Johannes 3, 2). »Wir werden verwandelt werden [...]« (1. Korinther 15, 52).

Damit stehen wir erneut vor einem Hauptstück johanneisch-paulinischer Anthropologie, vor dem Geheimnis der Wandlung und vor dem Mysterium coniunctionis, dem Geheimnis der Einswerdung, freilich von einer höchsten eschatologischen Warte aus betrachtet. Jung hat niemals den Anspruch erhoben, dass die Reichweite seiner psychologischen Anschauung diese fernsten Horizonte der Menschheitszukunft, etwa auf der Ebene der Johannes-Offenbarung, einbezieht. Aber es gibt zweifellos Stufen und Durchgangsstationen der Annäherung auf dem Weg der Kommunion mit dem wahren Selbst. Der psychologische Selbst-Begriff bei Jung ist bestenfalls ein Hilfsbegriff, ein bloßer Fingerzeig, mehr, aber auch weniger nicht. In den Zuständigkeitsbereich des Psychologen fallen diese Stufen und Durchgangsstationen, insofern sie individuell erfahren und in die menschliche Existenz integriert werden können oder sofern der Mensch auf dem Weg der Selbst-Werdung das klärende Wort und den personalen Beistand des Therapeuten nötig hat.

4. Geist und Seele

Religionspsychologie auf der Basis der Analytischen Psychologie

Es wäre eine Blasphemie zu behaupten, dass Gott sich überall offenbaren könne, nur gerade nicht in der menschlichen Seele. Ja, die Innigkeit der Beziehung zwischen Gott und Seele schließt jede Minderbewertung der Seele von vornherein aus. Es ist vielleicht zu weit gegangen, von einem Verwandtschaftsverhältnis zu sprechen; aber auf alle Fälle muß die Seele eine Beziehungsmöglichkeit, das heißt eine Entsprechung zum Wesen Gottes in sich haben, sonst könnte ein Zusammenhang nie zustande kommen. Diese Entsprechung ist, psychologisch formuliert, der Archetypus des Gottesbildes.

Carl Gustav Jung

Der objektive und der subjektive Aspekt

»Die subjektive innere Erfahrung ist vielleicht dasjenige neue wissenschaftliche Werkzeug, das, wenn es bewusst und kritisch angewendet wird, uns am ehesten in den Stand setzen kann, die heute so bitter nötige Korrektur am zu materialistischen Weltbild von gestern vorzunehmen. Die Wissenschaft einer neuen Gegenwart, will sie ihrer Verantwortung als erste Führerinstanz in der Welt nachkommen, kann auf das Werkzeug der subjektiven inneren Erfahrung nicht mehr verzichten. Mit der nur logischen Vernunft allein geht es nicht [...] Denn das Zeitalter der Aufklärung und des, wenn auch redlich gemeinten, Nur-Intellektualismus ist nun vorbei.«[86]

Dieser Überzeugung gibt Balthasar Staehelin in seinem Buch »Haben und Sein« beredten Ausdruck. Auch mehren sich die

Stimmen derer, die das Ungenügen einer bloß rationalistischen Blickverengung empfinden, wie sie in der neueren Geschichte der Christenheit um sich gegriffen hat, und zwar relativ unabhängig von den Konfessionen. In der Theologie, die unter Berufung auf den mündig werdenden Menschen im Zeichen der »Aufklärung« angetreten ist, die das Vernunftlicht der Bibelkritik und der (im weitesten Sinne des Wortes verstandenen) Entmythisierung der heiligen Überlieferung angezündet hat, beginnt man sich der fragwürdigen Einseitigkeit dieses – an sich notwendigen – Unterfangens bewusst zu werden. Aber – so muss man sich eingestehen – wir treiben immer noch eine gleichsam nur auf die Außenseite der Wirklichkeit achtende Bewusstseinstheologie, ganz gleich, ob dabei mehr die hermeneutische Frage des Redens von Gott und der Bibelinterpretation oder ob die Frage der gesellschaftlichen Veränderung auf der Tagesordnung der theologischen Diskussion, der kirchlichen Verkündigung und der sozialdiakonischen Aktion steht.

Die vieldimensionale Einheit, an der alles Lebendige und mit ihm der Mensch in voller Bewusstheit teilhat oder doch teilnehmen kann, duldet keine Aufsplitterung in Teilbereiche. Diese geht im gelebten Leben auch nicht ohne Schaden ab. Sie führt in der Theologie, namentlich in der protestantischen, und im religiösen Leben zu den bekannten Mangelerscheinungen und Verkümmerungsphänomenen. Die Theologie, die den Anspruch erhebt, unter Berufung auf die reichen Traditionen die Fülle des Christus anschauend und denkend zu umspannen, neigt ohnehin zu lehrmäßiger Erstarrung und zur Abstrahierung der jeweils zugrunde liegenden spirituellen Wirklichkeit.

Nachdem sich religiöses Erleben und theologische Reflexion im Laufe der Zeit immer stärker voneinander entfernt haben, ist es an der Zeit, dass die Theologie von dort neue Impulse empfängt, wo die »Tiefe des Seins« (P. Tillich) nicht nur ein philosophisch-theologisches Postulat darstellt, sondern einen Erfahrungsgrund, aus dem christliche Spiritualität hervorwächst.

Auf diesen Grund geistig-religiöser Erfahrung stoßen wir in einer doppelten Weise, mittelbar und unmittelbar. Die Mittelbarkeit der Begegnung ist durch die Beschäftigung mit den geschichtlichen Zeugnissen und mit dem Leben derer gegeben, die als Pneumatiker, als Geistesempfänger, als Inspirierte und Erleuchtete der Wirkung des göttlichen Geistes standzuhalten haben und hatten. Ich denke an die Zeugnisse eines inneren (esoterischen) Christentums, das bereits im Neuen Testament anhebt, wo bestimmte Menschen, getrieben vom Geist, ihre Gottes- und Christuserfahrung in Wort und Schrift niedergelegt haben. Und ich denke an die großen Zeugen eines esoterischen Christentums, die in der Folgezeit zu Trägern des Geist-Impulses geworden sind.[87]

Zu einer Geistbegegnung kommt es dort, wo das Wort der Schrift, wo Bild und Symbol der religiösen Überlieferung zwar den Anstoß geben, wo aber ein Mensch vom Anspruch des göttlichen Wortes unmittelbar getroffen wird; wo sich in der eigenen Seele ein neues Sehen und Hören ereignet und nicht »blind« geglaubt werden muss, sondern wo christlicher Glaube zu einem Erkenntnisorgan höherer Ordnung wird und blind anmutender Glaube sich als sehender Glaube erweist, fähig, der Realität dieses Lebens standzuhalten.

So gesehen, bedarf die Spontaneität des göttlichen Geistes keiner Vermittlung von außen. Und der geringste Anlass oder Gegenstand ist gut genug, dass sich an ihm das Feuer der inneren Erfahrung entzünden kann. An Belegen dafür mangelt es nicht. Tatsache ist aber auch, dass Erfahrenheit sich oftmals erst dann einstellt, wenn ein bestimmter Weg gegangen, eben er-»fahren« wird.

Die Wege der Mystiker und der Esoteriker von einst sind aus mancherlei Gründen nicht ohne weiteres als heute gangbare Wege zu empfehlen, wiewohl unschätzbares Erfahrungsgut der Aktualisierung fähig ist. So ist es zu erklären, dass in den letzten Jahren das Interesse an der Mystik, auch und gerade an der christlich-abendländischen gewachsen ist. So werden Meister Eckhart, Tauler und Seuse gelesen. Die von Luther hoch geschätzte »Theologia deutsch« (auch »Frankfurter« genannt) wird aufs neue aufgelegt. Und neben die großen spanischen Mystiker der Nachreformationszeit, etwa Theresa von Avila und Johannes vom Kreuz, treten neuerdings die Vertreter protestantischer Mystik, Jakob Böhme und seine spirituellen Nachfahren. Ein weites Feld tut sich auf!

Das ist das eine. Auf der anderen Seite bieten sich moderne Wege und Methoden an, Methoden, die der heutigen Bewusstseinsverfassung gemäß sind. Die Analytische Psychologie C. G. Jungs ist ein solcher Weg. Sie kann zumindest als ein solcher Weg, der zu Christus führt, erprobt werden.

Im folgenden wird es nun darum gehen, die Voraussetzungen, unter denen dies der Fall sein könnte, zu klären und eine Reihe von Elementen aufzuführen, die als Bausteine zu einer Tiefentheologie dienen können. Es geht hier nicht um eine »Theologie der religiösen Erfahrung«; es geht vielmehr um die religiöse Erfahrung selbst, die den Ausgangsort allen Redens von Gott darstellt. Denn Erfahrung hat der Reflexion und der Diskussion vorauszugehen. Die Reihenfolge ist unumkehrbar. Oft wird das übersehen. »Mir scheint, dass eine Theologie, die in dieser Weise Impulse von der Psychotherapie erhält, besser ist als eine ohne solchen Einfluss. Der Theologe täte darum gut daran, mit der psychotherapeutischen Bewegung in Verbindung zu bleiben. Der Seelsorger und Pfarrer sollte sich aber darüber im Klaren sein, dass er in seiner Arbeit nicht nur einzelnen Menschen, sondern auch der Theologie dient und dadurch vielen Menschen hilft, die er persönlich nicht erreichen kann.«[88]

Dieser Hinweis Paul Tillichs ist durch den anderen zu ergänzen: »Die Psychotherapie ist einer der Faktoren, die sowohl die Praxis wie die Theorie gezwungen haben, die subjektive Seite der christlichen Existenz mindestens so ernst zu nehmen wie die objektive.«[89] Mit der subjektiven Seite ist die von Gott her geschehende Offenbarung gemeint. Von der »objektiven Seite« muss freilich wiederum gesagt werden, dass von dem verborgenen Gott, eben um seiner Verborgenheit willen, immer nur Subjektives ausgesagt werden kann. Das heißt auch: Rede von Gott ist immer nur vorläufige, uneigentliche Rede. Er, der Unbegreifliche, lässt sich nicht dingfest machen. Und das, was sich im Begriffsnetz theologischen Nachdenkens und Systematisierens findet, ist ja nie er, der ganz Andere. Aufgabe des Psychologen und Psychotherapeuten wird es sein, zu zeigen, dass und inwiefern alles Reden von Gott subjektiv bleibt und der »Objektivität« entbehrt, während der theologische Partner allzu oft seine eigene Position verkennt, wenn er auf den Psychologen herabblicken möchte, der angeblich »nur psychologisch« rede – er selbst etwa nicht?

Darin liegt eben der große Irrtum, wenn der Theologe meint, in einer anders oder höher qualifizierten Weise von Gott reden zu »können«[90] als der Psychologe, der angeblich »nur« für die menschliche Psyche zuständig sei, während der Theologe hingegen unter Berufung auf das göttliche Pneuma zu sprechen vermöge. Der Theologe stütze sich auf die Offenbarung, die »von oben her« komme, während der Psychologe der Immanenz des Irdisch-Menschlichen verhaftet bleibe.

Ohne auf das an sich schon problematische »oben« und »unten« einzugehen, wird man sagen müssen: Wer derartiges behauptet, der vergisst, als Theologe sich darüber Rechenschaft abzulegen, auf welchem Weg das in Anspruch genommene Offenbarungswissen an die Menschheit einst herangetreten ist und heute immer noch und aufs neue herantritt. Denn auch das Offenbarungswissen und auch die Inhalte des christlichen Dogmas in ihren spirituell und pneumatisch sublimsten Formen ist von konkreten Menschen in Fleisch und Blut, nicht zuletzt in einer ganz bestimmten seelischen Verfassung und in einem ganz bestimmten geschichtlichen Augenblick empfangen worden.

Biblische Hinweise auf das von Gott Eingehauchtsein des Bibelwortes können schwerlich als Gegenargument ins Feld geführt werden, wenn es beispielsweise heißt: »Niemals ist eine Weissagung durch menschlichen Willen hervorgebracht worden, sondern durch den heiligen Geist getrieben, haben Menschen von Gott geredet« (2. Petrus 1, 21).

Hier scheint zunächst mit aller Deutlichkeit eine Grenze gezogen zu sein zwischen der inspirierenden Kraft des Heiligen Geistes und dem Willen des Menschen. Halten wir Aussagen der Tiefenpsychologie Jungs daneben, dann wird das biblische Wort exakt bestätigt oder doch als eine sachgemäße Voraussetzung für alles religiöse Reden angenommen. Denn gerade diese Psychologie macht dem heutigen Menschen deutlich, was den ersten Empfängern der neutestamentlichen Botschaft eine Selbstverständlichkeit war, auch wenn es dem heutigen Predigthörer oder Bibelleser fraglich erscheinen mag.

Durch einen Willensentschluss, also mit bewusster Absicht lässt sich niemals das hervorbringen, was – religiös gesprochen – der Heilige Geist bewirkt oder sagt. Dieses nicht beeinflussbare Reden des Geistes bleibt dem Menschen unbewusst, und zwar so lange, bis gleichsam von der anderen Seite oder von der anderen Dimension der Wirklichkeit her das Wirken des Geistes Gottes auf der Projektionswand des menschlichen Bewusstseins erscheint und Spuren hinterlässt.

In dem Moment nun, in dem diese »Aufzeichnung« erfolgt – »Zeichen« erscheinen –, ist aber notwendigerweise so etwas wie eine Transformation erfolgt, eine Umwandlung vom Göttlichen ins Menschliche, eine Umwandlung vom bis dahin Unbewussten in eine vom Bewusstsein erfassbare Gegebenheit. Und erst diese Aufzeichnungen oder Spuren, die wir dann das Wort der Offenbarung, dogmatische Symbole oder theologische Aussagen nennen, sind aussagbar und damit der Reflexion zugänglich. Erst sie sind die Materialien oder Grundstoffe für die Theologie wie für jede andere Deutungswissenschaft.

Der offenbarende Gott selbst bleibt unsichtbar. Er bleibt ein absolut »verborgener Gott«. Von ihm wissen wir nichts. Was aus der Dunkelheit dieses Gottes heraustritt, muss sich notgedrungen in die Begriffsgestalt des menschlichen Fassungsvermögens hinein inkarnieren. Erst dadurch wird eine entsprechende Wahrnehmung möglich. Wo eine wie auch immer geartete Wahrnehmung, und sei es in Gestalt der leisesten Ahnung, erfolgt, da handelt es sich lediglich um das im Menschen entstehende Bild von Gott; das göttliche Sein und Tun, das An-sich-Sein Gottes bleibt indessen dem Menschen gänzlich unbewusst.

Es liegt nahe, zu sagen: Hier stehen wir vor einem religionspsychologischen Problem, vor der Frage nämlich nach dem Wie und nach dem Woher der Hervorbringung des Gotteswortes, das sich immer nur als Menschenwort (verbal oder ereignishaft) darbietet. Ist es wirklich ein Problem? – Im Sinne wissenschaftlicher, theologischer und religionspsychologischer Fragestellung ist es das zweifellos. Sprechen wir aber von einem Problem, dann müssen wir uns darüber im Klaren sein, dass wir damit vollends das Feld der Reflexion betreten haben. Das ist der Fall, wo immer theologisch etikettierte Begriffe gegeneinander abgewogen werden, so wie das mit philosophischen Ideen oder mit naturwissenschaftlichen Daten ebenfalls zu geschehen pflegt.

Auch im theologischen Reden von Gott ist der menschliche Raum betreten. Er wird überhaupt nicht verlassen. Eine Unterscheidung von Pneuma (göttlicher Geist) und Psyche gibt es hier jedenfalls nicht mehr in dem Sinne, dass dem theologischen Reden eine Höherwertigkeit beigemessen werden könnte. Nochmals: Stellt das Spannungsverhältnis von Gotteswort und Menschenwort wirklich nur ein »Problem« dar? Die Antwort muss unter verändertem Aspekt ein deutliches Nein sein: Nicht ein Problem liegt hier vor, für das eine Problemlösung erwartet oder erbracht werden könnte.

Wir stehen vor einem Mysterium, das nur in seiner Tatsächlichkeit und in seiner Wirklichkeit und Wirksamkeit bestätigt werden kann. Bestätigen, bezeugen, als Tatsache und als Ereignis ausweisen kann jedoch nur derjenige ein Mysterium, der es selbst erfahren hat. Und hier ist der bedeutsame Ansatzpunkt der Tiefenpsychologie. Als eine Erfahrungswissenschaft will die Analytische

Psychologie C. G. Jungs nichts Geringeres als eben dieses Mysterium der heutigen Bewusstseinsverfassung zugänglich machen. Ihr besonderer Beitrag liegt »in der Erschließung des Unbewussten als jenes Bereichs, in dem die Mächte der Religion und des Mythos heute noch empirisch fassbar sind«, schreibt Ulrich Mann in seinem perspektivenreichen Werk »Theogonische Tage«.[91]

Was soll nun mit den Gehalten religiöser Überlieferung geschehen, die einstmals der Menschheit so oder so zugesprochen worden sind? – Die Antwort darauf lässt sich mit dem Wort geben, das der oben angeführten Stelle aus dem 2. Petrusbrief unmittelbar vorausgeht. Da heißt es: »So ist uns das prophetische Wort, das wir haben, fester geworden, und ihr tut gut, darauf zu achten als auf ein Licht, das an einem dunklen Orte scheint, bis der Tag anbricht und der Morgenstern aufgeht in euren Herzen [...]« (2. Petrus 1, 19).

Danach ist das überlieferte Wort ein Licht, das Dunkles erhellt. Gleichzeitig ist es noch etwas Vorläufiges. Es geht der Fülle des Lichts, das mit dem Anbruch des vollen Tages sich jedem sehenden Menschen schenkt, voraus.

Nicht anders hat Jung auf die Zeugnisse der Religionen, des Christentums und des kulturell-geistigen Lebens überhaupt hingeschaut, wenn er derartige Dokumente dazu benutzte, um »dunkle«, rätselhafte Momente in den Hervorbringungen aus dem Unbewussten zu »erhellen«. (In der Gestalt der sogenannten Amplifikationsmethode wird diese psychotherapeutische Arbeitsweise bei gegebenem Anlass in der Traumdeutung angewandt.) Diese Bemühungen um erhellende Deutung sollen jedoch nicht als Selbstzweck aufgefasst werden. Auch dienen sie nicht der Befriedigung der Neugierde. Die zitierte Bibelstelle spricht vom Anbruch des »Tags« und von der Erscheinung des »Morgensterns«.

Die theologische Auslegung dieser Stelle wird auf die erst noch bevorstehende Fülle der Christuserscheinung, seine Wiederkunft, hinweisen. Auch das soll nicht in Zweifel gezogen oder abgeschwächt werden, wenngleich derartige Worte aus unterschiedlichen Perspektiven heraus betrachtet werden können und sollen. Aber es darf auch nicht übersehen werden, dass die Ankunft Christi heute und die in der Zukunft des Jüngsten Tags immer auf den konkreten Menschen bezogen bleibt. Das weiß auch der Verfasser des 2. Petrusbriefes, denn er spricht vom Aufgang des Morgensterns »in euren Herzen«.

Damit ist an den Menschen appelliert, für den das Licht des prophetischen Wortes ganz neue, ungeahnte, also vorerst noch unbewusst bleibende Ausmaße bekommen kann und soll. Dann nämlich, wenn der Morgenstern im Menschen aufgeht und auf diese Weise zur unumstößlichen Erfahrungstatsache des einzelnen wird. Die Väter der Schriftauslegung haben immer um die Wirklichkeit des »inneren Wortes« (testimonium Spiritus sancti internum) gewusst.[92] Man muss in diesem Zusammenhang aber auch daran erinnern, dass die verfasste Kirche, die »Kirche des Wortes« im Besonderen , aus lauter Furcht vor etwaiger »Schwärmerei« die großen Geistesträger und Zeugen dieses inneren Wortes – unter ihnen Origenes, Joachim von Fiore, Thomas Müntzer, Jakob Böhme – diskreditierte oder gar als gefährliche Irrgeister hinstellte. Dass ein sorgfältiges Hinhören auf die wahren Intentionen dieser Männer selbst heute noch vonnöten wäre, schon allein um der Korrektivfunktion der »Ecclesia spiritualis« (Geistkirche) willen, verdient an dieser Stelle eigens hervorgehoben zu werden.[93]

Wie wir wissen, war C. G. Jung eben diesen Trägern und Hütern christlicher Spiritualität schon von seiner Grundhaltung her – als esoterischer Christ – zutiefst verbunden. Dafür müssen keine Einzelbelege zusammengetragen werden.

Doch schließen wir nun unseren Gedankengang ab, indem wir zu der Frage nach der religiösen Tradition und nach dem jäh anbrechenden Erleuchtungszustand zurückkehren: Das prophetische Wort, das es festzuhalten gilt – auch Jung tut das auf die bekannte Weise! –, wird in dem Moment in ein ganz neues Licht getaucht, in dem im betreffenden Menschen selbst »das Licht« aufgeht und er selbst erfährt, was ihm bis dahin das prophetische Wort von einst, eben die religiöse Überlieferung, sagte. Bisher konnte er nur glaubend, vertrauend das Wort »festhalten«, es meditieren, es im Alltagsleben zu befolgen suchen, wie man einem Rat oder einer Ermahnung folgt. Nun aber geht der »Morgenstern« auf. Als die »Aurora consurgens«, als die aufsteigende Morgenröte kennt das hohe Mittelalter dieses Motiv; als den »Sohar«, den Glanz, in Gestalt des Sefer ha Sohar (Buch des Glanzes) hütete das esoterische Judentum seine mystische Überlieferung (Kabbala).

Schließlich überschreibt der Görlitzer Schuster Jakob Böhme (1575-1624) auf der Schwelle zur Neuzeit sein Erstlingswerk mit eben diesen Worten »Die Morgenröte (Aurora) im Aufgang«, nicht ahnend, dass sein Buch Ungezählten den Anstoß zur eigenen Innenerfahrung werden sollte, nämlich als ein »Weg zu Christo«, der als ein christlicher Einweihungsweg angesehen werden kann.[94]

Damit ist zugleich der religionspsychologische Ort und die Aufgabe der Tiefenpsychologie angesichts unserer Fragestellung bezeichnet: Sie soll etwas vermitteln helfen und zur Eigenerfahrung bringen, was durch das bloße Pochen auf Schrift und Schriftbeweis, auf Tradition und auf kirchliche Lehrautorität »draußen« bleibt. Der befremdende Anspruch, wie ihn der heutige Mensch im Besonderen empfindet, hört erst dann auf, ein Hindernis für den Zugang zur christlichen Spiritualität darzustellen, wenn zwar der Buchstabe nicht einfach durch das Licht des Geistes verdrängt, wohl aber durch dieses Geisteslicht erhellt wird.

Jakob Böhme drückt das hier Gemeinte folgendermaßen aus: »Ich trage in meinem Wissen nicht erst Buchstaben zusammen aus vielen Büchern, sondern ich habe den Buchstaben in mir; liegt doch Himmel und Erden mit allem Wesen, dazu Gott selber im Menschen. Soll er denn in dem Buche nicht dürfen lesen, das er selbst ist? [...] liegt doch die ganze Bibel in mir, so ich Christi Geist habe, was darf (brauche) ich denn mehr Bücher? Soll ich wider das zanken, das außer mir ist, ehe ich lerne kennen, was in mir ist? – So ich mich selber lese, so lese ich in Gottes Buch [...]«[95]

Solche Worte verdienen im Blick auf die Introspektion und im Blick auf die Selbsterfahrung meditiert zu werden, die die Analytische Psychologie als heutigen Weg anbietet. Denn das »Ich« und das »in mir«, von dem hier die Rede ist, darf nicht mit dem Ego und seinen Ansprüchen verwechselt werden!

Offenheit für die religiöse Dimension

Ehe von weiteren Momenten der religiösen Orientierung und der Wegweisung auf Christus hin bei Jung gesprochen werden kann, wird es angebracht sein, einige tiefenpsychologische Tatbestände und die auf sie bezogenen Begriffe in kritischen Augenschein zu nehmen. Es geht dabei um keine geringere Frage als um die, ob Jungs Denken – abgesehen von seiner persönlichen Erfahrung – der religiösen Problematik angemessen ist. Ich knüpfe dabei an weiter oben angestellte Überlegungen an.

Die Notwendigkeit kritischer Betrachtung ergibt sich schon angesichts der immer wieder geäußerten Befürchtung einer etwaigen »Psychologisierung«, das heißt einer Überfremdung der religiösen Wirklichkeit durch die psychologische Deutung. Das ist nicht weiter verwunderlich, wenn man sich beispielsweise der freudschen Religionskritik in »Die Zukunft einer Illusion« erinnert, von der Joachim Scharfenberg gesteht, sie sei »die wohl schärfste Polemik gegen jede Form der Religion, die seit Feuerbach erschienen war«.[96]

In der 1927 publizierten Schrift setzte Freud die Religion mit einer Kindheitsneurose gleich und stellte den religiösen Glauben als eine Illusion hin. Die religiös-neurotische Phase der Menschheit gelte es zu überwinden. Freud gab sich diesbezüglich optimistisch. Und was die religiösen Illusionen oder die Religionen als Verkörperung von solchen Illusionen anlangt, jene »Erfüllungen der ältesten, stärksten, dringendsten Wünsche der Menschheit«, so gelte es, sie zu durchschauen, sie zu entlarven, nämlich hinsichtlich der zugrunde liegenden Motive. Freud sah generell im

Motiv der Sehnsucht nach angeblicher Wunscherfüllung die Basis der von ihm unterstellten religiösen Illusionen. Diese freudsche Religionskritik und andere Eigentümlichkeiten der Psychoanalyse meinten nicht wenige Theologen als Alibi für eine Nichtbeschäftigung mit der Tiefenpsychologie benutzen zu können. Wenngleich hier ein Wandel eingetreten ist, bisweilen unter dem Deckmantel einer theologischen Freud-Schwärmerei, so ist es doch noch nicht lange her, seitdem Karl Barth (samt Anhang) die Theologie »im schauerlichen Sumpf der Psychologie des Unbewussten« ertrinken sah. Dass Freud bewusst und unbewusst gewirkt hat, nämlich in Richtung einer theologisch verbrämten Distanzierung von Religion, steht auf einem anderen Blatt.

Was nun die Indienstnahme tiefenpsychologischer Einsichten, Hypothesen und Begriffe durch die Theologie anbelangt, so kann davon ausgegangen werden, dass die christliche Theologie im Laufe ihrer zweitausendjährigen Geschichte bei den verschiedensten philosophischen und weltanschaulichen Systemen Anleihen gemacht hat. Das ergab sich aus dem Bedürfnis heraus, mit den jeweils verfügbaren, das Zeitbewusstsein repräsentierenden Denkmitteln und sprachlichen Ausdrucksformen das Geheimnis des Glaubens zu bergen und die Inhalte des religiösen Lebens zu artikulieren.

Es liegt in der Natur des sich wandelnden menschlichen Bewusstseins, dass religiöse Erfahrung so zur Sprache gebracht wird, wie dies der jeweiligen Zeit angemessen ist. Jung hat sich wiederholt zum Erfordernis einer Neuinterpretation des Glaubens bekannt. Dabei kann es sich freilich nur um eine Neuinterpretation handeln, die an gewisse, auf das zu interpretierende Glaubensgut Rücksicht nehmende Vorausssetzungen gebunden ist. Worauf hierbei geachtet werden muss, das hat der frühere Berliner Theologe Wilhelm Knevels im Zusammenhang seiner Auseinandersetzung mit theologischer Orthodoxie (bzw. Fundamentalismus) und Existentialtheologie einmal so umschrieben: »Die Theologie kann Begriffe, die von der Philosophie geprägt und durch die Philosophie hindurchgegangen sind, gebrauchen und wird sie nicht entbehren können. Aber sie darf diese nicht einfach in ihrem jetzigen philosophischen Verständnis oder gar in dem Verständnis einer bestimmten philosophischen Richtung übernehmen; sie muss sie vielmehr in Berührung und Auseinandersetzung mit der Philosophie in einer ihrem Gegenstand angemessenen eigentümlichen Weise entwickeln, und sie wird sie innerhalb ihres Gebiets mit eigenem Gehalt füllen [...] Schon Luther hat darauf hingewiesen, dass die Sprache der Heiligen Schrift eine andere ist als die philosophische und daher einzelne Begriffe der Schrift für die Theologie einen anderen Sinn haben als für die Philosophie.«[97]

Was von der Philosophie in ihrem Verhältnis zur Theologie im Allgemeinen gesagt ist, das lässt sich – entsprechend abgewandelt – auf das Verhältnis von Tiefenpsychologie und Theologie übertragen. Alles religiöse Erleben, sodann alles theologische Reden von Gott ist zwar auf das Offenbarungsgeschehen Gottes, auf das »Reden Gottes« bezogen. Dieser als objektiv zu bezeichnenden Tatsache der Offenbarung ist immer auch ein subjektiver, für die religionspsychologische Betrachtung zugänglicher Faktor zugeordnet, nämlich – wie wir im vorausgegangenen Abschnitt gesehen haben – der glaubende, erlebende, agierende, schließlich auch der theologisch reflektierende Mensch.

In seiner »Systematischen Theologie« hat Paul Tillich diesen Sachverhalt folgendermaßen beschrieben: »Die Offenbarung enthält stets ein subjektives und ein objektives Geschehen, die streng voneinander abhängen. Jemand ist durch die Kundmachung des Geheimnisses ergriffen: das ist die subjektive Seite des Geschehens. Andererseits geschieht etwas, wodurch das Geheimnis der Offenbarung jemanden ergreift: das ist die objektive Seite. Diese beiden Seiten können nicht voneinander getrennt werden. Wenn nichts objektiv geschieht, so wird nichts offenbar. Wenn niemand das subjektiv empfängt, was geschieht, so hört das Ereignis auf, etwas zu offenbaren. Das objektive Ereignis und die subjektive Aufnahme gehören beide zum Ganzen des Offenbarungsgeschehens. Die

Offenbarung ist nicht wirklich ohne die empfangende Seite, und sie ist nicht wirklich ohne die gebende Seite.«[98]

Auf eine Tiefenpsychologie bezogen, die religiösen Tatbeständen und Vorgängen zugewandt ist, könnte die kritische Frage etwa so gefasst werden: Eine Tiefenpsychologie kann nur dann ihre Aufgabe erfüllen, wenn sie sich in den Grenzen ihrer Möglichkeiten bewegt und nicht etwa der Theologie Vorschriften macht, was und wie die religiöse Realität zu sein habe. Es ist der Psychologie jedenfalls versagt, die erwähnte objektive Seite der Offenbarung ausdeuten zu wollen. Darin ist der Psychologe jedoch in keiner grundsätzlich anderen Situation als der Theologe, insofern sich beide bewusst sind, streng genommen immer nur von dem reden zu können, was in den Erfahrungshorizont des Menschen hineinreicht.

Im Eingeständnis der Unsichtbarkeit Gottes, der prinzipiell auch der Prophet und der Visionär gleich welcher Gattung unterworfen bleibt, stimmt die Christenheit mit der alttestamentlichen Frömmigkeit und Gotteslehre überein. Schulungswege, die zu »Erkenntnissen höherer Welten« hinführen wollen, oder Wege der Selbsterfahrung, wie die der Analytischen Psychologie Jungs, verlaufen ebenfalls vor diesem Horizont der Subjektivität und der Vorläufigkeit menschlicher Erkenntnisfähigkeit, so erheblich die Bewusstseinssteigerung sein mag, die durch eine derartige Methode zu erreichen ist. Gemessen an dem, was aus dem Raum der Offenbarung, also »von oben her« auf den Menschen zukommt, bleibt alles menschliche Erleben und Erkennen, auch deren größtmögliche Steigerung oder Erhellung, vergleichsweise ein »Vorspiel« im thomistischen Sinne.[99]

An dieser Stelle denke man auch daran, mit welcher Leidenschaft der junge Karl Barth mit der Aufgabe theologischen Redens von Gott gerungen hat, als er seine Situation, die die Situation jedes Verkündigers ist, mit den Sätzen charakterisierte: »Wir sollen als Theologen von Gott reden. Wir sind aber Menschen und können als solche nicht von Gott reden. Wir wollen beides, unser

Sollen und unser Nicht-Können, wissen und eben damit Gott die Ehre geben […]«[100]

Daneben erinnere man sich, mit welcher Entschiedenheit sich C. G. Jung gegen ein reduktives psychologisch-psychologistisches Denken gewandt hat, das komplexe und mehrdimensionale Phänomene auf ein eindimensionales »Nichts als […]« zurückzuführen sucht. Bei der zitierten freudschen Interpretation der Religion als Illusion – Religion sei »nichts als« Illusion, nichts als der Versuch einer infantilen Wunscherfüllung – ist der Fall einer derartigen Reduktion gegeben.

Im Grunde handelt es sich dann gar nicht um eine echte Interpretation, bei der ein geistiger Gehalt in eine andere Form der Darstellung überführt wird, sondern eben um eine qualitätsverändernde Reduktion.

Demnach liegt bei dem Versuch, außertheologische Erkenntnismittel wie die Psychologie in den Dienst der Interpretation des Religiösen zu stellen, das Entscheidende daran, dass die betreffenden Denkstrukturen, Voraussetzungen, das Vorverständnis und die Terminologie der zu erhellenden religiösen Thematik angemessen sind. Derartige Erkenntnismittel dürfen sich nicht etwa von vornherein dem spezifisch Religiösen verschließen. Und eben diese wichtige Voraussetzung, die zwar bewussten Verzicht auf religiöse Wirksamkeit übt, andererseits aber für die religiöse Funktion und Dimension offen bleibt, hat die Jungsche Psychologie in hohem Maße erfüllt. Einerseits bewegt sich Jung in den Bahnen empirischer Forschung; er respektiert die Grenzen, die eine kritische Erkenntnistheorie ziehen muss. Auf der anderen Seite ist sich Jung bewusst, dass nur eine für die Eigenart religiöser Manifestation offene Grundeinstellung und nur eine der Korrespondenz mit dem Religiösen fähige Psychologie der religionspsychologischen Aufgabe gewachsen ist.

Jung hat die Konfrontation der Psychologie mit der religiösen Frage sehr bald als einen wesentlichen Punkt seiner Arbeiten angesehen. Und was die Frage nach der Korrespondenz zwischen Tiefenpsychologie und christlicher Religion betrifft, so fasst er in seiner Autobiografie zusammen: »Ich lasse der christlichen Botschaft nicht nur eine Tür offen, sondern sie gehört ins Zentrum des westlichen Menschen. Allerdings bedarf sie einer neuen Sicht, um den säkularen Wandlungen des Zeitgeistes zu entsprechen, sonst steht sie neben der Zeit und die Ganzheit des Menschen neben ihr. Dies habe ich mich bemüht, in meinen Schriften darzulegen.«[101]

Welche Elemente lassen sich nun nennen, an denen die Offenheit für das Religiöse im Werk Jungs deutlich wird? Es muss uns genügen, auswahlweise einige Beispiele zu geben:

Jung unterschied das vorwiegend in der klassischen Psychoanalyse geübte kausal-reduktive Denken, das auf die Ursachen psychischer Phänomene gerichtete »Verstehen nach rückwärts«, von einer solchen Sicht, die ein »Verstehen nach vorwärts« erschließen hilft. Ein Blick ins Neue Testament zeigt, welche große Bedeutung diese auf die Zukunft des Menschen bezogene Betrachtungsweise für Christus und für das Leben des Menschen in Christus hat. So fragen beispielsweise (Johannes 9) die Jünger ihren Herrn, worin die Ursache für die Blindheit des Blindgeborenen zu suchen sei, während Jesus – ähnlich wie bei der Auferweckung des Lazarus (Johannes 11) – nach dem »Wozu« der Blindheit bzw. der Krankheit und des Todes Ausschau hält.

Auch in der Psychotherapie ist es nicht damit getan, allein die Gründe der Herkunft eines Leidensdruckes zu analysieren. Es geht immer auch darum, die jetzige Situation eines Menschen zu verstehen und einen Weg in die Zukunft zu eröffnen. Damit ist immer auch die Frage nach dem Ziel eines Lebenswegs und nach dem Sinn eines Menschenlebens gestellt. Inwieweit diese Frage möglich ist und in welchem Maße eine Antwort darauf gefunden werden kann, dies darf als ein Gradmesser für die »Offenheit« der betreffenden Psychologie für die religiöse Dimension gewertet werden; denn: »Ein Mensch ist nur halb verstanden, wenn man weiß, woraus alles bei ihm entstanden ist. Wenn es nur daran läge, so könnte er ebenso gut schon längst gestorben sein. Als Lebender ist er aber nicht begriffen; denn das Leben hat nicht nur ein Gestern, und es ist nicht erklärt, wenn das Heute auf das Gestern reduziert wird. Das Leben hat auch ein Morgen, und das Heute ist nur dann verstanden, wenn wir zu unserer Kenntnis dessen, was gestern war, noch die Ansätze zum Morgen hinzufügen können [...] Denn die menschliche Seele, sei sie nun krank oder gesund, kann nicht bloß reduktiv erklärt werden.«[102]

Gegen den energischen Widerstand Freuds hat daher Jung eine prospektive Traumdeutung befürwortet und praktiziert. Er stand damit nicht völlig allein. Neben anderen sprach sich auch Alphonse Maeder, ein kritischer Freud-Schüler, für eine finale Betrachtungsweise seelischer Vorgänge aus, was Freud mit dem Verdacht des Mystizismus zu beantworten pflegte.[103]

Zu der überaus bedeutsamen Ausweitung des Begriffs vom Unbewussten sah sich Jung genötigt, nachdem er immer wieder auf die Hervorbringungen der Psyche stieß, die nicht einfach auf das Resultat von persönlich verdrängten oder vergessenen Seeleninhalten zurückzuführen waren. Derartige Produktionen pflegen in Gestalt von Motiven oder Symbolen ans Tageslicht des Bewusstseins zu treten, die offensichtlich tiefer liegenden »Schichten« der Psyche angehören, als das selbst bei entlegensten Inhalten des persönlichen Unbewussten der Fall ist.

Von daher ergab sich die Annahme des Vorhandenseins eines überindividuell-kollektiven Unbewussten. Jung zog den Schluss: »Es wäre ganz sinnlos, diese Kollektivideen auf Persönliches reduzieren zu wollen, und nicht nur sinnlos, sondern direkt schädlich, wie mich die Erfahrung unliebsam lehrte [...] Die Bilder oder Symbole des kollektiven Unbewussten geben nur dann Werte von sich, wenn sie einer synthetischen (nicht analytischen!) Behandlung unterworfen werden. Wenn die Analyse (das kausal-reduktive Verfahren) das Symbol in seine Komponenten zersetzt, so integriert das synthetische Verfahren das Symbol zu einem allgemeinen und verständlichen Ausdruck.«[104]

Von daher gesehen ist die Bezeichnung der Jungschen Forschungsart mit ihrem Begriff der »Analytischen Psychologie« zumindest missverständlich, weil in ihr das analytische Verfahren bestenfalls einen Teil der von Arzt und Patient in der psychotherapeutischen Praxis gemeinsam zu erbringenden Leistung darstellt. Jung hat darauf aufmerksam gemacht, dass »die Analyse, insofern sie nur Auflösung ist, notwendigerweise von einer Synthese gefolgt sein muss, und dass es seelische Materialien gibt, die so gut wie nichts bedeuten, wenn sie bloß aufgelöst werden, die aber eine Fülle von Sinn entfalten, wenn man sie nicht auflöst, sondern in ihrem Sinne bestätigt und mit allen bewussten Mitteln noch erweitert«.[105]

Praktisch geschieht das immer dann, wenn zunächst unverständliche Einzelmotive aus der religiösen oder mythischen Tradition angereichert (amplifiziert) werden, bis sich eine Sinnhaftigkeit erschließt,[106] und sei es auch nur in der Form einer Ahnung, die besagt: Das, was du da erlebt hast, was dir im Traumbild gesagt worden ist, enthält eine Botschaft, die dich in dieser Richtung voranbringen will.

So steht die Analytische Psychologie ganz im Zeichen der die Polaritäten und Gegensätze umspannenden Synthese. Das wird am eindrücklichsten im Laufe des im Rahmen dieser Psychologie ablaufenden psychotherapeutischen Prozesses. Selbst der Gegensatz, der sich aus der Konfrontation des Bewussten mit dem Unbewussten ergibt, wird durch eine synthetische Funktion – Jung nennt sie ebenfalls nicht ganz unmissverständlich »transzendente Funktion« – überbrückt, sodass psychische Ganzheit auf höherer Ebene als Ziel auf dem Weg der Selbstverwirklichung angestrebt werden kann.

Dabei ist zu bemerken, dass diese synthetische Funktion unabhängig davon in Tätigkeit tritt, ob ein tiefenpsychologischer Prozess in der Form einer psychotherapeutischen Kur – lege artis – durchlaufen wird, oder ob sich die psychische Gegensatzvereinigung und Reifung ohne besondere Vermittlung, also autonom und selbsttätig ereignet. Beide Male ist das Ziel das gleiche, nämlich die Individuation, in der der Mensch seines Selbst gewahr wird, sein wahres Selbst findet. – Doch davon ist noch zu sprechen, zumal dieser Prozess parallel zu und in Einklang mit dem religiösen Urerleben zu verlaufen pflegt oder doch – vornehmlich während der zweiten Lebenshälfte eines Menschen – im Sinne religiöser Erfahrung erlebt werden kann.[107]

Dieser prospektiven, auf Vereinigung der Gegensätze ausgerichteten Zielgebung hat Jung wiederholt Ausdruck verliehen, um sich gegenüber der ursprünglichen Psychoanalyse mit ihrer eigentümlichen Blickverengung abzugrenzen. Diese Abgrenzung kommt ebenfalls einer Öffnung für das religiöse Wirklichkeitsfeld gleich. In »Symbole der Wandlung« (1952) und an anderer Stelle hat C. G. Jung betont, dass er »die außergewöhnlichen Verdienste Freuds um die Erforschung der individuellen Psyche« damit keineswegs schmälern wolle. »Der begriffliche Rahmen aber, in welchen Freud die seelische Erscheinung spannte, erschien mir unerträglich eng. Ich meinte damit keineswegs z. B. seine Neurosentheorie, die so eng sein kann, als sie mag, wenn sie nur dem Erfahrungsmaterial adäquat ist – oder seine Traumtheorie, über die man in guten Treuen verschiedener Ansicht sein kann; ich meine vielmehr den reduktiven Kausalismus seines allgemeinen Standpunktes und das sozusagen vollständige Außer-Acht-Lassen der für alles Psychische so charakteristischen Zielgerichtetheit.«[108]

Richtungen psychischer Energie

Noch in einer anderen Hinsicht stellt sich der Schritt »von Freud zu Jung« für unsere religionspsychologische Fragestellung als bedeutsam heraus, nämlich im Blick auf das Verständnis und die Deutung der dem Seelischen zugrunde liegenden Antriebskraft. Es kann mit Rücksicht auf unser Thema jedoch nicht darum gehen, die einzelnen libidotheoretischen Positionen (lateinisch: libido = Drang, Begierde, Verlangen) bei Freud und dann bei Jung in detailliert-differenzierter Weise darzustellen und so den Werdeprozess anschaulich zu machen, zumal entsprechende Studien vorliegen.[109]

Es wird daher genügen, zu zeigen, inwiefern schließlich der von Jung gebrauchte Begriff für seelische Energie nicht nur in quantitativer, sondern vor allem in qualitativer Hinsicht von der freudschen Position entfernt ist. Dies festzustellen ist für uns um so wichtiger, als eine Psychologie auch in psycho-energetischer Hinsicht »offen« sein muss, wenn es gilt, die Wirklichkeit des Glaubens zu erfassen oder gegebenenfalls an diese Wirklichkeit heranzuführen.

In seiner Schrift »Drei Abhandlungen zur Sexualtheorie« (1905), die nach dem Werk »Traumdeutung« in besonderer Weise einen Zugang zum Grundbestand der freudschen Lehre bilden sollen, findet sich die Definition: »Wir haben uns den Begriff der Libido festgelegt als einer quantitativ veränderlichen Kraft, welche Vorgänge und Umsetzungen auf dem Gebiete der Sexualerregung messen könnte. Diese Libido sondern wir von der Energie, die den seelischen Prozessen allgemein unterzulegen ist, mit Beziehung auf ihren besonderen Ursprung, und verleihen ihr so auch einen qualitativen Charakter [...]«[110]

Libido wird für Freud zu einer betont biologisch verstandenen Energie, die sich als sexuelle Energie betrachten lässt, wiewohl der Begründer der Psychoanalyse bestrebt ist, pansexualistischen Anschauungen zu entgehen. Er meinte immerhin, dass es einmal gelingen müsse, diese Libido – abgesehen von ihrer psychischen Komponente – als Substanz nachzuweisen und zu messen. Eine derartig ausgeformte Theoriebildung ist im Grunde nicht verwunderlich, wenn man bedenkt, wie sehr die ursprüngliche Psychoanalyse von Hypothesen und Meinungen beherrscht war, die noch um die Jahrhundertwende im Bereich von Physiologie und Physik gültig waren. Verwundern aber mag, dass Freud an diesen Voraussetzungen bis an sein Lebensende festgehalten hat.[111]

Von daher gesehen ist es verständlich, wenn Freud von C. G. Jung in dieser Hinsicht einmal als »typischer Vertreter der materialistischen Epoche« charakterisiert wird, deren Hoffnung darin bestanden habe, »die Welträtsel einmal im Reagenzglas zu lösen«.[112]

Jung war nun seinerseits davon überzeugt, dass der von Freud eingeführte Libido-Begriff sich zwar für den praktischen Sprachgebrauch eigne, dass er aber in einem viel weiteren Sinne angewandt werden müsse, als dies in der Psychoanalyse von Anfang an geschehen ist. Um dynamische Veränderungen, vor allem Wandlungen im seelischen Bereich in angemessener Weise ausdrücken zu können, löste Jung daher den Libido-Begriff von der ursprünglichen Fixierung auf die einseitige sexuelle Bedeutung. Sein Ziel war es, diesen Begriff zur Bezeichnung umfänglicherer Wirklichkeitsgehalte heranzuziehen, in deren Zusammenhang die sexuelle Komponente zwar auch enthalten und bejaht ist, in dem sie aber zu einem Faktor neben anderen wurde. Das war nicht zuletzt deshalb erforderlich, weil vor allem der geistige Faktor und die symbolbildende Kraft in ihrer Mehrdimensionalität zur Geltung zu bringen waren. Die Betonung liegt hier auf »Mehrdimensionalität«, weil – wie noch zu zeigen ist – auch der einstige psychoanalytische, ebenfalls verengte Symbolbegriff neu gefasst werden musste.

Das Ausmaß und das Gewicht, das diese Neubestimmung des Libido-Begriffs – nunmehr als allgemeine psychische Energie verstanden – für Religion und Theologie hat, macht man sich am ehesten deutlich, wenn man die psychoanalytischen Studien betrachtet, die sich die Bibelinterpretation zur Aufgabe gestellt haben. Die qualitative Distanz, die zwischen den Deutungsversuchen aus der freudschen Schule und denen Jungs und seiner Nachfolger besteht, muss als beträchtlich bezeichnet werden, womit noch nichts über die partiellen, Einzelaspekte berücksichtigenden Interpretationen gesagt ist.

Yorick Spiegel, der eine Reihe von meist älteren Arbeiten von vorwiegend jüdischen Autoren zusammengestellt hat, gibt sich in der Einführung zu seiner Sammlung alle Mühe, jenes »gewisse Unbehagen« beim Leser abzubauen, das sich oftmals angesichts von psychoanalytischen Bibeldeutungen einstellt. Indem er als Herausgeber bei seinen theologischen Kollegen um Verständnis wirbt, gesteht Spiegel: »Auch wer anerkennt, dass die religiöse Sprache der biblischen Schriften libidinös besetzt ist, mag doch schockiert sein, wenn Glaubensvorgänge in genital- oder analerotischen Symbolhandlungen ausgedrückt werden.«

Diese Besorgnis wird kaum eingeschränkt, wenn der Herausgeber hinzufügt: »Man wird sich bei der Bewertung stets bewussthalten müssen, dass die Autoren nicht primär ihre Absicht darin sehen, mit ihren Arbeiten dem Leser zu einem tieferen Verständnis des biblischen Textes zu verhelfen. Sie schreiben nicht in apologetischer Absicht, sondern zur eigenen Selbstverständigung und Selbstlegitimation. Es sind Versuche, aus der Geschichtslosigkeit und der überwältigenden Gegenwärtigkeit der psychoanalytischen Entdeckung auszubrechen und geschichtliche Kontinuität herzustellen.«[113]

Auch wenn – zugegeben – in den vorgestellten psychoanalytischen Interpretationen eine nichttheologische Bibelexegese beabsichtigt ist, so leuchtet gewiss ein, dass der besagte Libido-Begriff Freuds und ein entsprechendes, auf die sexuelle Eindeutigkeit reduziertes »Symbol«-Verständnis zu anderen Verständnishilfen als den dort gezeigten kaum fähig sein dürfte; sie sind zumindest für den Nichtpsychoanalytiker befremdlich. Gerade deshalb kann es nicht gleichgültig sein, unter welchem Aspekt psychische Energie betrachtet wird, um einen Beitrag zu einer Tiefentheologie liefern zu können. Die Integration der sexuellen Kategorie in die theologische Bibelbetrachtung ist als solche zweifellos nötig gewesen und wird aus den bekannten Gründen als verdienstvoll zu bezeichnen sein. Fragt sich nur, ob und in welchem Maße eine fruchtbare Rezeption überhaupt erfolgen kann. Eine Beschränkung auf das Sexuell-Libidinöse erfüllt jedenfalls kaum die Erwartungen, die von der Theologie in diesem Punkt an die Tiefenpsychologie herangetragen werden. So drängt sich allein von daher eine Neufassung des ursprünglichen Begriffs als wünschenswert auf.

Für Jung ist psychische Energie zunächst einmal das Psychisch-Wirksame überhaupt, wobei seine energetische Anschauung einen finalen, also einen zielgerichteten Aspekt zu Grunde legt. Zum Gesichtspunkt der Gerichtetheit seelischer Energie tritt das Moment ausgleichender Tendenzen hinzu. Jung beobachtete, dass so etwas wie eine Energieumsetzung erfolgt. Wenn seelische Kraft aufgewandt worden ist oder an einer Stelle verschwand, so tauchte an anderer Stelle »ein gleich großes Quantum der gleichen oder anderen Energieform auf«.[114] Diese Beobachtung regte ihn dazu an, von einem Gleichgewicht herstellenden Äquivalenzprinzip zu sprechen. Dieses Prinzip wurde für ihn zum Grundgesetz aller energetischen Umformungen, insbesondere hinsichtlich der symbolischen Umformungen.[115]

Überall, wo schöpferische Prozesse im Gange sind, tritt das Moment von psychischen Spannungsgegensätzen, von polar einander gegenübertretenden Erscheinungen hinzu, die nach einem Ausgleich der Kräfte verlangen. Denken wir an die Polaritäten von gut und böse, von Licht und Finsternis, die in ihrer Gegensatzstruktur im religiösen Leben und bis in die Lebenspraxis hinein eine maßgebliche Rolle spielen, so wird deutlich, warum die tiefenpsychologische Theoriebildung für die Theologie zumindest von hypothetischem Interesse sein dürfte.

Entsprechende Hinweise hat Jung im Zusammenhang mit dem Gottesbegriff gemacht, wenn er im gleichen Gedankengang schreibt: »Obschon also der Gottesbegriff ein geistiges Prinzip par excellence ist, so will es das kollektive Bedürfnis doch haben, dass er zugleich auch eine Anschauung der ersten schöpferischen Ursache sei, aus der alle jene dem Geistigen widerstrebende Triebhaftigkeit hervorgeht. Damit wäre Gott der Inbegriff nicht nur des geistigen Lichtes, das als späteste Blüte am Baum der Entwicklung erscheint, nicht nur das geistige Erlösungsziel, in welchem alle Schöpfung gipfelt, nicht nur das Ende und der Zweck, sondern auch dunkelste, unterste Ursache aller naturhaften Finsternisse.«[116]

So anstößig derartige Gedankengänge von der kirchlichen Dogmatik aus empfunden werden müssen, so findet sich eine solche »Schlussfolgerung« doch schon bei dem Seher Jakob Böhme, der in Gott sowohl das »Liebe-Licht« als auch das »Zorn-Feuer« wahrnahm und der in der Tiefe des »Urgrundes« die dunkle Wirklichkeit entdeckte. Jung ist sich auch der ungeheuren Paradoxie, auf die er stößt, bewusst, wenn er als Psychologe vom Gottesbild spricht. Und hat nicht selbst Karl Barth – wenngleich unter anderem Vorzeichen und mit ganz anderer Blickrichtung – unter Berufung auf gleichgerichtete Geister des Alten Testaments und des Christentums in provozierend paradoxaler Sprache von Gott geredet, als er mit seinem berühmten »Römerbrief«-Kommentar (1919/21) in der Theologie dieses Jahrhunderts eine Wende herbeiführte?

Die Diskrepanz zwischen Jung und Barth – wir erwähnten sie bereits an anderer Stelle – ist kaum zu überbrücken. Was indes »das ungeheure Paradoxon« anlangt, das bei Barth durch das Gegenüber von Gott und Mensch, bei Jung durch das in der menschlichen Psyche und im Gottesbild anzutreffende Spannungsverhältnis ausgedrückt ist, legt es dennoch einen Vergleich zwischen beiden Positionen nahe. Fest steht, dass weder eine Vermittlung noch eine Harmonisierung angestrebt oder erreicht werden kann.

Ein wesentlicher Unterschied zwischen beiden Entwürfen besteht darin, dass Barth lediglich die Unzuständigkeit des theologisch-rationalen Bewusstseins angesichts der Gottesfrage und hinsichtlich der Verkündigungsaufgabe als ein »Sollen und doch nicht Können« artikuliert, während Jung bis zu den Antriebskräften der psychischen Energetik den Nachweis für das polare Spannungsverhältnis erbringt und damit der Erfahrung zugänglich macht.

Erfahrung aber zielt im Sinne der Analytischen Psychologie auf Selbsterfahrung, das heißt auf die Realisierung des Selbst, und bedeutet Ganzwerdung. Letztlich dienen die Spannungsverhältnisse, in denen sich die psychische Energie auslebt, dazu, eine die Gegensätze und Polaritäten umschließende Coniunctio (Vereinigung) herbeizuführen – annäherungsweise im Einzelmenschen, im weitesten Horizont in der großen Kommunion, die die apokalyptischen Kapitel der Evangelien und schließlich die Johannes-Offenbarung in bewegenden Bildern darstellen. Beide Male geht es um das eine große Thema!

Schon hier tun sich universale Perspektiven auf, ohne dass die untersten, meist gering geachteten Bauelemente – hier: die Triebenergien – ausgeschlossen sein müssten. Es fragt sich aber, ob eine Theologie, die schon Dietrich Bonhoeffer im Blick auf Barth eine »Vogel-friss-oder-stirb-Theologie« genannt hat, die Hilfe zu bieten vermag, die vom heutigen Menschen erwartet wird. Wer wollte bezweifeln, dass seit dem Zweiten Weltkrieg, spätestens seit dem Ende der Sechzigerjahre dieses Jahrhunderts tief greifende Wandlungen im Bewusstsein vieler Menschen eingetreten sind. Hier wird unter anderem Ulrich Mann zuzustimmen sein, der einmal bemerkt: »Die Zeit dürfte abgelaufen sein, in der die Theologie sich vorwiegend mit der Nichterfahrbarkeit Gottes beschäftigt hat und von dem so zu reden pflegte, wie die Leute in Andersens Märchen von des Kaisers neuen Kleidern sprachen.«[117]

In seinem ursprünglich als Zeitungsartikel (1929) veröffentlichten Aufsatz »Der Gegensatz Freud und Jung« hat Jung seine von Freud abweichende, über Freud hinausgehende Position auch der Theologie gegenüber folgendermaßen deutlich gemacht: »Die Theologie kommt dem Suchenden nicht entgegen, denn sie fordert den Glauben, der aber ein echtes und rechtes Charisma ist, das niemand machen kann. Wir Modernen sind darauf angewiesen, den Geist wieder zu erleben, das heißt Urerfahrung zu machen. Dies ist die einzige Möglichkeit, den Zauberkreis des biologischen Geschehens zu durchbrechen.«[118]

Das Symbol und seine Deutung

Indem wir uns dem Thema des Symbolverständnisses und der Symboldeutung zuwenden, betreten wir naturgemäß ein Feld, das der tiefenpsychologischen Forschung, der praktischen psychotherapeutischen Arbeit, dem religiösen Erleben im Allgemeinen und schließlich der theologischen Interpretation in gleichem Maße wichtig ist. Die Bedeutung des Symbols und der Symbolwelt überhaupt ist durch den erlebenden, den existierenden Menschen selbst gesetzt. Es betrifft ihn, ganz gleich, welche Meinung er über symbolische Gegebenheiten hat, ob er einen Blick für das Symbolische besitzt, oder ob er bereits den Gedanken daran von sich weist. Halten wir zuerst einige Wesenszüge symbolischer Wirklichkeit fest: Ein Symbol (griechisch: symbolon = das Zusammengeworfene, Zusammengesetzte) stellte gemäß dem griechischen Wortsinn ursprünglich ein Erkennungs- und Beglaubigungszeichen dar, das von Partnern, Freunden, Boten zum Zwecke der Legitimation oder der Identifizierung vorgezeigt wurde. Man tauschte etwa die beiden Hälften eines zerbrochenen Gegenstandes aus. Die Inhaber der jeweils zusammengehörigen Teile konnten sich dadurch zu erkennen geben, dass sich die unebenen Bruchstellen des ehemals ganzen Stückes ineinanderfügen ließen.

So ist ein echtes Symbol dadurch charakterisiert, dass es Auseinandergerissenes als zusammengehörig erweist und dass so gut wie jeder konkrete, augenscheinliche Gegenstand zum Symbol werden kann. Zum Symbol geworden, weist der symbolische Gegenstand weit über das hinaus, was die sinnfällige Erscheinung, an der sich nicht das Geringste ändert, ausdrückt. So sind etwa Brot und Wein Nahrungs- und Genussmittel. Als Sakrament empfangen, wird derselbe Wein und wird dasselbe Brot zum Träger eines Mysteriums. Brot und Wein werden im christlichen Altarsakrament so zum Vermittler des Leibes und Blutes dessen, der sich mit diesen beiden Gaben der Schöpfung sakramental verbunden hat. Das irdische Zeichen (Brot, Wein) wird zum Gefäß einer überirdischen, nicht weniger wirklichen Geistes- oder Gnadengabe, die der Mensch kommunizierend in sich aufnimmt.

Diesem »gefüllten« Symbol stehen bisweilen alltägliche Redewendungen entgegen, die geeignet sind, den Sinngehalt symbolischer Wirklichkeit zu verfehlen oder zu reduzieren. Da wird etwa gesagt, etwas sei »nur symbolisch« gemeint, dies oder jenes sei »nur eine symbolische Handlung« usw. Wer sich über einen Tatbestand so äußert, der gibt zu erkennen, dass er gerade etwas Nicht-Symbolisches, etwas nur Abbildhaftes, Unwirkliches meint, das sich von wirklichen Handlungen oder (geistigen) Tatbeständen unverkennbar unterscheidet. Mit einem Symbol hat dergleichen jedoch nichts gemein. Um zu sagen, was auch auf eine andere Weise, etwa in Gestalt einer Beschreibung oder einer Definition ausgedrückt werden könnte, sollte man daher auf die Verwendung der Vokabel »Symbol« verzichten.

Ein echtes Symbol ist sodann nicht nur in dem Sinne »wirklich«, in dem es der sinnfällige Gegenstand ist, der als Symbolträger gerade dient. Ein Symbol ist qualitativ mehr; es verfügt über eine größere Intensität und hat an einem ungleich größeren Umfang an Wirklichkeit teil. Anders ausgedrückt: Indem das Symbol über das Sinnfällige hinausweist, repräsentiert es Wirklichkeit. Es geht also nicht nur um eine begrifflich definierbare »Bedeutung«. Zum Wesensmerkmal des Symbols gehört es ja gerade, dass sein Bedeutungsumfang gedanklich-begrifflich gar nicht auszumessen ist.

Symbole sind daher überhaupt nicht ein-deutig. Einerseits repräsentieren sie Mehrdimensionalität; sie repräsentieren die Fülle des Seins, Ganzheit, Wirklichkeit, die auch und vor allem transzendente Dimensionen einbezieht. Andererseits wollen sie eine Kommunikation mit dem symbolisch ausgedrückten Sinngehalt herbeiführen. Ein solches Symbol steht für eine Dimension der Wirklichkeit, für eine Situation und Grundbefindlichkeit des Menschen. Es ist der Mensch, der Symbole zu dem macht, was sie sind. Mit den Symbolen blickt er über die bloße Erscheinung hinaus auf die Tiefendimension der Wirklichkeit.

Als Existierender, Angeredeter, Betroffener wird der Mensch symbolischer Wirklichkeit inne. Es wird ihm in der Sprache des wirkenden Symbols etwas gesagt, was durch die Gedankensprache nicht annähernd umfassend, die jeweilige Qualität, Kategorie oder Dimension treffend, ausgedrückt werden könnte. Symbole sind überhaupt nicht dazu da, definiert oder analysiert zu werden. Sie appellieren vielmehr an die Erlebniskraft und an die Kommunikationsfähigkeit des Menschen. Das heißt: Es kommt wesentlich darauf an, was in der Begegnung mit einem Symbol erlebt wird.

In diesem Zusammenhang ist auch die Frage nach der Verständlichkeit symbolischer Manifestation zu berühren. Sie ist jedoch nicht eine so wesentliche Frage, wie sie für den an Symbolkenntnis Interessierten zu sein scheint.

Wilhelm Stählin, in dessen Theologie die Beachtung des Symbolischen einen vorrangigen Platz einnimmt, schreibt hierzu: »Die wesentliche Frage ist nicht die Frage nach der Verständlichkeit, sondern die Frage nach der Kraft jener Zeichen und Symbole, die in den Tiefenräumen der menschlichen Seele bestimmte Wirkungen hervorrufen. Denn diese Zeichen haben eine unheimliche Eigenmächtigkeit, die relativ unabhängig ist davon, wie weit sie ›verstanden‹ werden. Nicht alles, bei dem wir uns ›nichts denken‹, ist ungefährlich; und nicht alles, bei dem wir uns ›nichts denken können‹, bleibt unfruchtbar [...] Es gibt eine magische Mächtigkeit des Wortes, und es gibt eine magische, das heißt überrationale Mächtigkeit von Symbolen. Diese Mächtigkeit überschreitet die Grenzen unseres rationalen Verstehens. Darum ist die Frage nach den Zeichen und Symbolen nicht primär eine psychologische oder pädagogische Frage, sondern eine Frage danach, welche Wirklichkeiten, heilsame oder verderbliche Wirklichkeiten, hier Tiefenräume unserer Seele berühren.«[119]

Anzumerken ist nur, dass Stählin unter »Zeichen« hier solche auf Wirklichkeit hinzeigende, sie aktualisierende Ausdrucksmittel meint und nicht nur eindeutige Zeichen, wie wir sie im alltäglichen Leben, im Straßenverkehr, an Apparaturen und ähnlichem verwenden. Und was die angeschnittene »psychologische Frage« betrifft, die in dieser Wesensbestimmung eine zweitrangige Rolle spielen solle, so wird Stählin eine Psychologie im Auge gehabt haben, die sich von vornherein gegenüber jener Dimension der Wirklichkeit verschließt oder ihr gleichgültig gegenübersteht, auf die es beim Symbol in entscheidender Weise ankommt. Doch das macht bereits der Stählinsche Kontext klar.

Nun liegt es auf der Hand, dass und warum die Tiefenpsychologie dem Zeichenhaften, dem Symbolischen von Anfang an die allergrößte Aufmerksamkeit geschenkt hat. Symbole treten ja nicht nur von außen an den Menschen heran. Sie tauchen aus den Tiefen der menschlichen Psyche hervor, womit noch nichts über die »Herkunft« und »Autorschaft« dieser Symbole gesagt sein soll. Auch hier ist dem wenig hilfreichen Argument aus dem Weg zu gehen, es sei von einem »Nurpsychischen« die Rede. Tatsache ist zunächst einmal, dass das Unbewusste die erstaunlichsten Bildkompositionen hervorbringt und dass es oft ganze Dramen inszeniert. Sofern es sich nicht allein um die Nachbearbeitung von Tagesbegebenheiten (zum Beispiel Tagesrest-Träumen) und ähnliche Widerspiegelungen eines zuvor Erlebten handelt, liefert uns unser Traumleben immer neue Belege für die symbolschaffende Kraft der Seele. Der Träumende ist Regisseur, Darsteller, Ort der Handlung und Zuschauer in einer Person. Er ist vor allem der Betroffene, er selbst ist gemeint.

Damit ist es aber nicht genug. Als Zeichen, die für eine Wirklichkeit stehen, die auf etwas hindeuten und die eine Botschaft zu übermitteln haben, wollen die Symbole – innere wie äußere – auch gedeutet und bis in die alltäglichen Lebensvollzüge hinein be-griffen werden. Eine nur reduktiv arbeitende Psychologie wird ihre Aufgabe, Anleitung zu geben zum lebendigen Ergreifen des im Symbol aufgehobenen Geistes- und Lebensgutes, kaum zu erfüllen vermögen.

Wie wird nun die Symboldeutung der Analytischen Psychologie dieser Aufgabe unter dem religionspsychologischen Blickpunkt gerecht?

Jung weist darauf hin, dass Symbole des kollektiven Unbewussten – und um solche handelt es sich in unserem Zusammenhang vorwiegend – sich nur dann »erschließen«, wenn sie einer synthetischen Behandlung zugeführt werden. Auch hier widersetzt er sich einer bloß analysierenden Deutungsmethode, die ein Symbol wie eindeutige Begriffe behandelt. Synthetische Behandlung besagt an dieser Stelle: Ein Symbolzeichen wird in einen größeren Zusammenhang hineingestellt. Es geht also buchstäblich um ein Zusammenfügen des jeweils Vorgegebenen mit anderen inhaltlich gleichgerichteten Symbolformen. Alle Aufmerksamkeit ist darauf gerichtet, was angesichts eines solchen Symbols, sodann angesichts einer Zusammenschau (Synopse) erlebt werden kann. »Durch Reduktion auf ein allgemein Bekanntes vernichten wir den eigentlichen Wert des Symbols. Es entspricht aber seinem Wert und Sinn, wenn wir ihm eine hermeneutische Deutung angedeihen lassen«, heißt es in einer frühen Arbeit Jungs aus dem Jahre 1916.[120]

Dabei gilt es, das betreffende Ausgangssymbol zu erweitern, indem man es auf die bezeichnete Weise anreichert. Letztlich wird eine »Synthese des Individuums mit der Kollektivpsyche« hergestellt. Das entspricht einer Bewusstseinserweiterung im Sinne einer Intensivierung und einer Lebensbereicherung überhaupt. Man denke etwa an bedeutsame, das heißt eindrucksvolle und inhaltsreiche Träume, deren Verständnis eine derartige Erweiterung des Bewusstseinshorizontes herbeizuführen vermag. Jung fährt an der bezeichneten Stelle fort: »Und eben darauf kommt es in der praktischen Behandlung an, nämlich dass die Menschen zu ihrem Leben kommen, und nicht, dass die Prinzipien ihres Lebens rationalistisch beweisbar oder ›richtig‹ seien.« Um ein Missverständnis zu vermeiden, wird man hinzufügen sollen, dass mit »praktischer Behandlung« nicht etwa irgendein Eingriff des Psychologen oder des Psychotherapeuten gemeint sein kann. Seine Mitwirkung zielt ja gerade darauf hin, die Eigenaktivität des Analysanden in Gang zu bringen, damit dieser selber ergreife und sich selbst als ein Ergriffener erlebe, um dann aufgrund seiner Selbsterfahrung sein alltägliches Leben zu gestalten.

Für die therapeutische Arbeit fügt C. G. Jung deshalb hinzu: »Ohne die restlose Bereitwilligkeit und absolute Ernsthaftigkeit des Patienten kommt keine Heilung zu Stande. Es gibt keine magischen Neurosenheilungen. Im Moment, wo wir anfangen, die symbolisch vorgezeichneten Wege auszuarbeiten, hat der Patient sie auch zu beschreiten. Drückt er sich betrügerisch darum herum, so ist der Heilerfolg ausgeschlossen. Er hat das, was er als seine individuelle Lebenslinie gesehen und anerkannt hat, auch wahrhaft zu leben und zwar so lange, bis eine deutliche Reaktion seines Unbewussten vorliegt, welche zeigt, dass er anfängt, in guten Treuen einen falschen Weg zu gehen.«[121]

Auf die religiöse Lebenspraxis angewandt, lässt sich zeigen, dass auch hier eine »synthetische Behandlung« von Symbolgehalten weiterführt. Wir gehen dabei von jenen Gehalten aus, wie sie in der Form von Sinnzeichen des Glaubens, in künstlerischen Darstellungen, in religiösen Texten oder Handlungen aufbewahrt sind. Es gilt, der auf dem religiösen Gebiet ohnehin schon weit fortgeschrittenen Rationalisierung Einhalt zu gebieten, um jene lebendige Wechselbeziehung zur menschlichen Seele erneut herzustellen, die einst zwischen dem wirkenden Symbol und der Psyche bestand, in deren Matrix der göttliche Logos einst empfangen worden ist.

Allzu rasch wird heute bei der Konfrontation mit symbolischen Ausdrucksformen nach der theologischen »Bedeutsamkeit« eines Phänomens gefragt, die sich dann durch einige »dass«-Sätze definieren lässt oder definieren lassen soll. Offensichtlich kommt dabei eben jene reduktive Methode in Anwendung – und zwar in der Regel unbewusst –, die wir von der freudschen Psychoanalyse her kennen. Ziehen wir beispielsweise das Symbolzeichen des Kreuzes heran. Es wird hinsichtlich seiner Wesensbestimmung einer Reduktion oder Abstraktion unterzogen, wenn es etwa heißt: »Durch das Kreuz von Golgatha wird mir gesagt, dass Christus für mich gestorben ist.«

Die theologische Richtigkeit und Berechtigung solcher und ähnlicher Sätze steht natürlich außer Zweifel. Es soll auch gar nicht geleugnet werden, dass die existenzielle Note in den Wendungen »es wird mir gesagt« und »für mich gestorben« eine unaufgebbare Dimension der christlichen Botschaft bezeichnet. Was die Jungsche Psychologie in Erinnerung ruft und worauf sie hinweist, das ist das Phänomen selbst und damit das, was sich als anschaubar, anhörbar, der Kommunion und der Kommunikation fähig manifestiert, also das, was sich im Symbol jeglicher Art zeigt. Bevor der theologisch-rationale Zugriff erfolgt – auch er ist berechtigt! –, soll das Symbol als solches wirken können, etwa so wie ein Kunstwerk auf den Beschauer zu wirken vermag, und zwar bevor er kritische Maßstäbe anlegt, bevor er kunsthistorische, ästhetische Kriterien usw. zur Geltung bringt.

Symbole wollen zunächst einmal angeschaut werden. Jeder weiß, dass im Zeitalter der Bilderinflation der Blick für das Urbildliche keine Selbstverständlichkeit mehr ist, sofern das Vermögen, im Phänomen das Urphänomen (im Sinne Goethes) zu erblicken, eine »Selbstverständlichkeit« sein kann.[122]

Hier bietet sich die Möglichkeit des meditativen Umgangs mit den Bildgehalten an, soweit diese von außen an den Menschen herantreten, etwa in der Gestalt der genannten traditionellen Symbole und Gestaltungen. Aber auch die Hervorbringungen des eigenen Unbewussten, vor allem jene, die aus der Berührung mit kollektiven Gehalten stammen, wollen meditativ-betrachtend angeschaut werden. Ein »psychologisches« Dazwischenreden und Ausdeutenwollen wäre eher hinderlich. Eine analysierende Zergliederung des betreffenden Materials würde ohnehin so wenig widerstandsfähige Gebilde wie die des Traumlebens zerstören. Die Botschaft, die aus dem Unbewussten emporsteigen wollte, würde eher wieder dorthin zurücksinken und ginge verloren.

Die Forderung nach einer synthetischen Beschäftigung mit dem Symbolischen gibt unter Umständen den Blick frei für den spirituellen Prozess selbst, in dessen Verlauf das Wort der göttlichen Offenbarung in den Tiefen der menschlichen Seele einst empfangen worden ist und immer wieder neu empfangen werden kann. Dies ist übrigens auch das einhellige Zeugnis der christlichen wie jeder religiösen Mystik.

Wir wollen an dieser Stelle von der synthetisch-symbolisierenden Funktion der Psyche sprechen. Um uns den gemeinten Vorgang veranschaulichen zu können, wenden wir uns einem Abschnitt aus dem Neuen Testament zu, wo sich entsprechende Andeutungen für das finden, was Apostel und Evangelisten an inneren Erfahrungen durchgemacht haben müssen und woran die Träger der sogenannten Gemeindetradition auf ihre Weise lebendigen Anteil genommen haben werden: Der Evangelist Lukas erzählt die Weihnachtsgeschichte von der Geburt Jesu im Stall von Bethlehem (Lukas 2), von der Lichterscheinung der Engel, vom Erlebnis der Hirten draußen auf den nächtlichen Fluren und drinnen bei der Verehrung des Kindes.

Das Ganze ist ein Meditationsbild, das den anschauenden Leser in das Geschehen selbst einbezieht und ihn bis in sein Gefühlsleben hinein teilhaben lässt an der Weihnachtsgeschichte. Ehe aber davon gesprochen wird, wie die Hirten in ihren Alltag zurückkehren, fügt der Evangelist eine bemerkenswerte Notiz ein, die Maria, die Mutter des Neugeborenen, betrifft. In der Verdeutschung Martin Luthers lautet die Stelle: »Maria aber behielt alle diese Worte und bewegte sie in ihrem Herzen« (Lukas 2, 19). Diese Übersetzung verhüllt einen Vorgang, der durch den griechischen Urtext transparent gemacht worden ist. »Behalten«, griechisch: syntereo, heißt wörtlich »zusammenhalten« im Sinne von bewahren; und für »im Herzen bewegen« steht griechisch symballousa, was »zusammenfügen« bedeutet. Damit begegnen wir dem griechischen Verb symballein in seiner Grundbedeutung. Es ist jenes Zeitwort, nach dem das Wort »Symbol« gebildet ist. Die fragliche Stelle muss daher in der Übersetzung lauten: »Maria aber bewahrte alle diese Worte, indem sie sie in ihrem Herzen zusammenfügte.«

Die Fülle der »Worte« jener Engelsbotschaft, die Maria aus dem Mund der Hirten gehört hat, versucht die Mutter Jesu »zusammenzuhalten, aufzubewahren«, und in ihrem Herzen fügt sie zusammen, was ihr widerfahren ist, nämlich die äußeren Begebenheiten ihres Lebens, die Geburt ihres ersten Kindes und innere Sinnbezüge. Maria tut Schritte auf dem Weg einer inneren Entwicklung. Die einzelnen Abschnitte auf diesem Weg fügen sich für sie zu einem Ganzen zusammen. In der unscheinbaren Existenz der jungen Frau und durch den Widerspruch hindurch, der sich in den räumlichen und zeitlichen Umständen der Geburtsereignisse widerspiegelt, vermag sie Gottes Führung zu erkennen. Knapper und deutlicher, deutender könnte der Vorgang »im Herzen« der Maria kaum geschildert werden, als es der Evangelist hier – und zwar beispielgebend – getan hat.

Etwaige Einsprüche, wie sie von der Literarkritik im Blick auf die Problematik der historischen Authentizität des Berichteten erhoben werden könnten, lassen sich mit dem Hinweis abwehren, dass es uns nicht darum geht, die Psyche der Maria von Nazareth zu analysieren. Lukas gibt durch seine gesamte Darstellung zu erkennen, dass er in dieser Gestalt viel mehr als eine zufällige historische Person sieht, deren Biografie im Evangelium noch dürftiger ausfällt als die Jesu.

Offensichtlich ist es bereits dem Evangelisten darum zu tun, einen ganz bestimmten Typus der Heilsgeschichte des israelitischen Gottesvolks in den Mittelpunkt der Weihnachtsgeschichte zu stellen, nämlich das Urbild der Tochter Zion und damit der Mutter einer neuen Menschheit. Der Neutestamentler Walter Grundmann kommentiert: »Ist in Maria die Tochter Zion, in ihrem Kinde aber der zweite Adam repräsentiert, so heißt das: Aus der Tochter Zion kommt die neue Menschheit; die Tochter Zion wird durch Maria, die dem Bundesgott treue Jungfrau, vertreten, ihr Sohn aber schafft die Menschen neu. Die Gemeinde ist die Mutter des Messias, und die Gemeinde ist sein Werk. Die Linie von diesem lukanischen Maria-Zion-Zusammenhang zu der Stellung, die Maria im Johannes-Evangelium hat, und zu Offenbarung 12 lässt sich dann ohne jede Schwierigkeit ausziehen.«[123]

Sodann sagt der Bericht des Lukas auch etwas über den Berichterstatter selbst und über seine Beziehung zu dem Christusereignis aus, also etwas darüber, wie der symbolisierende Impuls ihn selbst ergriffen hat, als er sich gemäß Lukas 1, 1 entschloss, »in rechter Ordnung Bericht zu geben«. Nicht zufällig hat die mittelalterliche Tradition in dem dritten Evangelisten einen Maler sehen wollen, der ein künstlerisch durchkomponiertes Gemälde geschaffen hat. Das trifft nicht zuletzt auf die lukanische Gleichnissprache zu, in der dieses bildhafte Element dominiert.

Ein anderer, nicht weniger wichtiger Aspekt ergibt sich, wenn wir in Maria eine heute und hier wirksame Symbolfigur zu erkennen trachten, eine Symbolfigur in dem ursprünglichen Wortsinne. Denn in der in ihrem Herzen bewahrenden, mit ihrem Herzen zusammenfügenden Maria sehen wir eine Seelenhaltung verkörpert, auf die C. G. Jung hinweist, wenn er von der »synthetischen Behandlung« symbolischer Wirklichkeit spricht.

Dieses Bewahren und dieses Zusammenfügen, für das das Evangelium einen literarischen Niederschlag darstellt, ist jedenfalls nicht mit einem bloßen Gedächtnisvorgang, auch nicht mit der Technik äußerer Geschichtsschreibung gleichzusetzen, bei der es lediglich auf Quellenscheidung und auf möglichst zuverlässige Schilderung von Ereigniszusammenhängen ankommt. Wir haben es vielmehr mit einem spezifischen Seelenvorgang zu tun, wie wir ihn von der Meditation her kennen. Äußere Sinnzeichen, Handlungen, geschichtliche Ereignisse, auch Begriffe werden in die »Innerung« hineingenommen. Der Meditierende analysiert nicht, sondern er fügt die Vielheit zu einem einzigen Bild zusammen. Auf ihm ruht sein Blick. Dieses Zusammenhalten aber bewirkt keinen Stillstand, sondern eine innere Bewegung. Meditation bringt einen Prozess in Gang. Der Meditierende wird selbst in einen Prozess der Ganzwerdung hineingenommen, aus dem er verändert hervorgeht. Er erfährt das Symbol als einen Vorgang des »Zusammengefügtwerdens«. Neue Dimensionen der Wirklichkeit tun sich auf. Damit ist etwas qualitativ anderes gemeint als ein Verstehen, das sich auf rationale Analyse allein stützt.

Adolf Schlatter mag dergleichen geahnt haben, als er in seinem Lukas-Kommentar zu unserer Stelle schrieb: »Verstehen deckt sich nicht ganz mit diesem Zusammenlegen, Zusammenbringen, Verbinden. Dazu fordert Rätselhaftes auf, und wenn es gelingt, es ›zusammenzulegen‹, ist verhindert, dass aus dem Rätsel ein Widerspruch gegen das sonst Gültige werde; dann schließt es sich einheitlich an das Erkannte an. Lukas sagt, Maria habe in der rätselhaften Verhüllung und Offenbarung des Christus das weise geordnete Mittel zur Erfüllung seiner Sendung erkannt.«[124] Von entscheidender Bedeutung aber ist, dass ein solcher theologischer Befund seine religionspsychologische Klärung erfährt und schließlich meditativ erprobt, das heißt erfahren wird.

Wie fruchtbar die Forderung einer synthetisch-synoptischen Beschäftigung mit dem Symbolischen für die Bibelauslegung werden kann, mag ferner daran zu ersehen sein, dass heilige Schriften, so auch das Alte und Neue Testament, ganz bestimmte kompositionelle Figuren aufweisen, die einstmals das »bibelstiftende Bewusstsein«, wie es Martin Buber einmal nennt, aus einer Fülle von Einzeldaten und Überlieferungsinhalten zu einem Ganzen herausplastiziert hat, wie es heute vor uns steht, wenn wir das Buch der Bücher meditativ betrachtend auf uns wirken lassen. An dieser Stelle begegnen sich Analytische Psychologie und jene Theologie, die sich anschickt, die Tiefendimensionen der biblischen Botschaft ernst zu nehmen.

5. Archetypus und archetypische Wirklichkeit

Psychologische Bausteine zu einer Tiefentheologie

Die archetypische Struktur des Weges Christi, der nicht mit einer äußeren Jesus-Biografie verwechselt werden soll, korrespondiert mit dem Weg des Menschen. Christus als der Archetypus des wahren Menschen ist – mit Paulus zu reden – der zweite Adam und somit der neue Mensch, der das heillos zerbrochene Menschenbild aufrichtet. Und das, was von diesem Christus gesagt werden kann, seine Inkarnation, seine Passion, seine Auferstehung und Erhöhung bis hin zur »Hochzeit des Lammes« auf höchster eschatologischer Ebene, das kann als die Entfaltung eines archetypischen Grundmusters im Sinne eines heilenden Bildes verstanden werden.

Der Christus-Archetyp

Sind wir bei der Besprechung des Symbols einer Manifestation begegnet, die so sehr den existierenden Menschen angeht, dass Theologie und Psychologie in gleich hohem Maße mit ihr beschäftigt sind, so trifft das – zumindest der Sache nach – für den Archetypus in gleicher Weise zu. Sehen wir das Symbol dadurch qualifiziert, dass sich in ihm eine Wirklichkeit oder doch eine verborgene Dimension der Wirklichkeit kundgibt, die sich nur und gerade in symbolischer Gestalt zu inkarnieren vermag, so stellt sich schließlich auch die Frage nach dem geheimen Grund dessen, was wir symbolische Wirklichkeit nennen und wodurch eine sinnenhafte Erscheinung zum Träger eines Übersinnlichen, Symbolischen werden kann. Ich habe mich des Terminus »Dimension« bedient, um an der Einheit der einen Wirklichkeit festzuhalten und lediglich ein Transzendieren innerhalb dieser Einheit der Wirklichkeit gelten zu lassen. Die Problematik eines etwaigen Jenseits oder einer jenseitigen Wirklichkeit kann daher in diesem Zusammenhang unerörtert bleiben.

Das Problem, das sich uns mit der Frage nach der Basis oder nach der dynamischen Grundlage des Symbolischen stellt, lässt sich in folgendem sehen: Das, was im Symbol sichtbar wird, was anschaubar ist, entzieht sich selbst der Anschauung. Das Erscheinende manifestiert sich nicht anders als durch den sinnfälligen Symbolträger, zum Beispiel der mystische (unsichtbare) Leib Christi im konkreten Brot und Wein. Dieser Symbolträger repräsentiert und aktualisiert zwar etwas Unanschauliches, und doch darf das am Symbol Wahrzunehmende nicht bereits mit dem Unanschaulichen gleichgesetzt werden.

Wir stehen demnach vor einem ganz ähnlichen Problem wie in dem vorausgegangenen Kapitel, in dem wir uns über das Verhältnis von Psyche und Offenbarung Klarheit zu verschaffen suchten: In dem Moment, in dem Geoffenbartes vom Menschen wahrgenommen und empfangen wird und in dem bestimmte Aussagen über religiöse Wirklichkeit gemacht werden, ist bereits die Psyche im Spiel. Denn sie ist es ja stets, die es zur Wahrnehmung kommen lässt; ohne sie ist eine göttliche Anrede gar nicht möglich. Rede von Gott (im weitesten Sinne des Wortes) setzt immer eine entsprechende Funktion der Psyche voraus. Anders ist eine Kundgabe Gottes nicht einmal denkbar.

Ein derartiger Hinweis gründet nicht etwa in hybrider Selbstvermessenheit, sondern kann sich auf den Doppelaspekt von göttlicher Uroffenbarung und auf die Inkarnation Gottes in Jesus Christus berufen. In der Uroffenbarung ist ahnungsvolles Wissen auf alle Geschöpflichkeit ausgegossen; »denn auch sie, die Kreatur, soll befreit werden von der Sklaverei der Vergänglichkeit zur herrlichen Freiheit der Kinder Gottes. Denn wir wissen, dass die ganze Kreatur zusammen seufzt und in Wehen liegt bis heute«, schreibt der Apostel Paulus Römer 8, 21 f. So ist diese Hoffnung auf Erlösung, auf Heilwerdung und Ganzwerdung aller Schöpfung mitgeteilt; und es steht dem Menschen nicht an, nur allein auf seine eigene Errettung zu sinnen. Die »Einsetzung in die Sohnschaft« gleicht einem langwierigen und schmerzhaften Geburtsvorgang, an dem jeder einzelne als Glied der Menschheit teilhat.

Nimmt sich dergleichen aus wie ein theologisches Postulat oder wie eine durch nichts zu beweisende, kaum abzustützende Hypothese, so liefert die Jungsche Psychologie auch hierzu Erkenntnishilfen, indem sie Selbsterfahrung, die Beobachtungsresultate an Gesunden und Kranken und schließlich die Bildgehalte aus dem unerschöpflich anmutenden Schatz der geistig-religiösen Traditionen der Völker zusammenschaut und nach den Grundstrukturen menschlicher Lebensgestaltung überhaupt forscht. Damit stoßen wir auf die viele Fragen aufwerfende Mitte der Analytischen Psychologie schlechthin, nämlich auf das Feld des kollektiven Unbewussten mit der archetypischen Bildwelt, wobei »Bild« hier mehr das Bildende als das Abgebildete meint.

In der Fülle der Erscheinungsformen symbolischer Gehalte und numinoser, das heißt den Menschen zutiefst ergreifender Bilder lassen sich geistige Urbilder erkennen oder doch ahnen, die nicht nur Bedeutungen haben, sondern von denen in erster Linie Wirkungen ausgehen, zum Beispiel richtungweisende Anstöße, norm- und formgebende Kräfte, Impulse zur Wesenswandlung und dergleichen mehr. In derartigen Urbildern, die in mancher Hinsicht den platonischen Ideen vergleichbar sind, hat Jung Dominanten gesehen, und im Verlaufe einer über einige Jahrzehnte sich erstreckenden Forschung hat er schließlich den Terminus »Archetypus« gewählt.[125]

Ähnlich wie schon beim Symbol lässt sich auch hier eine exakte Begriffsbestimmung nicht geben. Da er sich der völligen rationalen Erfassung und den Versuchen einer analytischen Klärung entzieht, finden sich in den einschlägigen Arbeiten Jungs (etwa in: Von den Wurzeln des Bewusstseins; Symbolik des Geistes, und andernorts) nur annähernde Umschreibungen. Demnach gelten Archetypen als »Faktoren und Motive, welche psychische Elemente zu gewissen (als archetypisch zu bezeichnenden) Bildern anordnen, und zwar in einer Art und Weise, die immer erst aus dem Effekt erkannt werden kann. Sie sind vorbewusst vorhanden und bilden vermutlich die Strukturdominanten der Psyche überhaupt [...] Als Bedingungen a priori stellen die Archetypen den psychischen Spezialfall des dem Biologen vertrauten ›pattern of behaviour‹ dar, welches allen Lebewesen ihre spezifische Art verleiht. Wie die Manifestationen dieses biologischen Grundplanes sich im Laufe der Entwicklung ändern können, so auch die des Archetypus. Empirisch gesehen ist aber der Archetypus innerhalb der Reichweite organischen Lebens überhaupt nie entstanden. Er tritt mit dem Leben auf den Plan.«[126]

Er ist also nicht erdacht oder erklügelt, daher auch rational nicht erfassbar; er ist überindividueller Natur, jedoch auf das Menschsein und auf die immer noch zur Verwirklichung des Menschen hindrängende Tendenz bezogen. Schon von daher lässt sich der Archetypus nicht auf ein statisches, in seinen Konturen deutlich umreißbares Bild beschränken, da er wesentlich dynamischer Natur ist.

So schwer fassbar der Archetypus in seinen verschiedenen Aspekten sein mag, so wichtig ist die Unterscheidung hinsichtlich dessen, was an unserem »Gegenstand« bewusstseinsfähig ist und was bewusstseinstranszendent bleibt. Jung unterscheidet demzufolge den Archetypus an sich, der unanschaulich bleibt, von dem archetypischen (oder urtümlichen) Bild, das bereits in gestalteter, folglich auch näher bestimmbarer, ein bestimmtes Motiv darstellender Form ins Bewusstsein tritt. (Von dem Engramm-Charakter des Archetypus, das heißt von seiner physisch-psychischen Verknüpfung sehen wir der Einfachheit halber hier ebenso ab wie von einer eingehenden Beschreibung der Jungschen Forschungsergebnisse im Einzelnen.)

Exakterweise kann demnach nur von archetypischen Bildern gesprochen werden, die in der eigenen Psyche auftauchen oder die sich in symbolischer Gestalt in der religiösen Überlieferung der Völker, so auch im Christentum vorfinden. Zur Analogie lässt sich nur sagen: Der Archetypus verhält sich zum archetypischen Bild wie der Prägestempel zum geprägten Stempelabdruck.

Der zentrale, größtmögliche Ganzheit verbürgende Archetypus ist nach den Darstellungen Jungs das Selbst, in dem bewusste und unbewusste Persönlichkeitsanteile zu einer Ganzheit vereinigt sind. Und für die westliche Menschheit ist Christus der Inbegriff des menschlichen Selbst. Das Wissen oder auch nur die hypothetische Annahme der Existenz des Selbst ist eine Hilfe für das erlebende Verstehen alles dessen, was Christus für den Menschen ist und tut. Sein Sein lässt sich eben nicht mit dem historischen Jesus von Nazareth voll in Deckung bringen.

Die Bedeutung der historischen Gestalt dieses Mannes liegt gewiss darin, dass sich die Christuserscheinung in einem realen, in Raum und Zeit vollzogenen Geschichtsereignis ausdrückt. Doch die Epiphanie, die Gottes-und Christuserscheinung – und sie ist allein im Glauben zu erfassen –, ist qualitativ mehr als das dokumentarisch bezeugte Auftreten des Mannes aus Nazareth. Hätten wir noch eine ungebrochene Beziehung zum Dogma der Kirche, dann genügte uns das Wissen: Jesus Christus ist nicht allein »wahrer Mensch«; er ist auch »wahrhaftiger Gott vom Vater in Ewigkeit geboren«, wie es in Luthers Kleinem Katechismus bei der Auslegung des zweiten Glaubensartikels wörtlich heißt.

Jungs Archetypenlehre und die Kenntnis des kollektiven Unbewussten lenken den Blick auf das im Dogma aufgehobene spirituelle Gut, indem dadurch die »göttliche Natur« Christi innerhalb der sogenannten Zwei-Naturen-Lehre der Kirche aufs neue in unseren Gesichtskreis tritt. Umgekehrt lässt sich sagen: Die dem heutigen Bewusstsein in mancher Hinsicht fremd oder unzugänglich gewordene Zwei-Naturen-Lehre der kirchlichen Christologie wird nicht etwa dadurch vertrauter, dass man sie lediglich wiederholt oder künstlich zu restaurieren sucht. Das in ihr Enthaltene, nämlich die die historische Gestalt des Jesus von Nazareth übersteigende Christuswirklichkeit, wird von der Erfahrungsseite archetypischer Wirklichkeit her aufs neue wesentlich, indem der existenzielle Bezug zwischen Christus und dem Selbst des Menschen einsichtig gemacht wird.

Ein wesentlicher Unterschied zur kirchlichen Glaubensaussage liegt wohl darin, dass Christus für den psychologischen Betrachter nicht ein »von außen« angeschauter, »in tausend Bildern« – wie Novalis sagt – nachgestalteter, als Kultgott angebeteter Gottmensch ist, sondern eine innerlich erfahrbare Wirklichkeit, die freilich das Ich des individuellen Menschen bei weitem übersteigt. Was dem Paulus und vielen anderen als Christusbegegnung spontan widerfahren ist, das bleibt nicht ein singuläres Geschichtsereignis, durch einen »garstigen Graben« vom heute und hier lebenden Menschen getrennt, sondern wir werden auf überraschende Weise mit demselben Christus »gleichzeitig« (S. Kierkegaard).

In der Selbsterfahrung liegt der »Ort«, an dem sich diese Begegnung Mal um Mal ereignen kann. Wenn wir es vermeiden, in diesem Augenblick Selbsterfahrung mit Christuserfahrung ohne weiteres gleichzusetzen, dann nicht zuletzt weil der Christus des Neuen Testaments als »das Ebenbild der Gottheit« (Kolosser 1) auch noch die Urbildlichkeit des Menschen überragt, indem er die Fülle des Kosmos (Pleroma) umspannt und so zum Makroanthropos und Pantokrator (Großmensch und Allherrscher) wird.

Bleiben wir im Rahmen unserer Fragestellung bei den neutestamentlichen Zeugnissen, dann haben die Evangelienberichte psychologisch gesehen eine unmittelbare Beziehung zu dem Bibelleser und zum Hörer des Wortes. Die archetypische Struktur des Wegs Christi, der nicht mit einer äußeren Jesus-Biografie verwechselt werden soll, korrespondiert mit dem Weg des Menschen. Christus als der Archetypus des wahren Menschen ist – mit Paulus zu reden – der zweite Adam und somit der neue Mensch, der das heillos zerbrochene Menschenbild aufrichtet.

Und das, was von diesem Christus als dem Repräsentanten und Überbringer des wahren Selbst gesagt werden kann, seine Inkarnation, seine Passion, seine Auferstehung und Erhöhung bis hin zur »Hochzeit des Lammes« auf höchster eschatologischer Ebene, das kann als die Entfaltung eines ungemein differenzierten archetypischen Grundmusters im Sinne eines heilenden Bildes verstanden werden. (Vgl. auch das im Abschnitt über die tiefenpsychologische Bibelauslegung Gesagte!)

Entsprechendes gilt von rituellen Vollzügen, worauf Jung wiederholt aufmerksam gemacht hat, etwa beim christlichen Altarsakrament. Die Einsicht in die archetypische Grundstruktur dieses Sakraments führt über bisherige Positionen hinaus: Einmal erübrigt es sich, an eine atavistische Kultmagie zu glauben, bei der eine mirakulöse Handlung durch einen Wundermann – sei es Jesus oder ein heutiger Priester – vollzogen wird; auf der anderen Seite ist der Mitfeiernde oder auch der den Messkanon Meditierende nicht dazu genötigt, die heilige Handlung zu entsakralisieren, indem er sie auf ein paar theologische Bedeutsamkeiten reduziert oder nur noch die soziale Komponente des gemeinsamen Lebens gelten lässt.

Sprach Jung davon, dass der Archetypus mit dem Leben überhaupt gegeben sei, dann sind nochmals zwei Aspekte voneinander zu unterscheiden, nämlich einerseits ein äußerlich biologischer Aspekt des Archetypus oder der archetypischen Bildformen, die als physiologische Impulse in den Instinkten, vor allem in den konstanten, artgebundenen Verhaltensmustern von Lebewesen nachzuweisen sind; andererseits ein innerer Aspekt.

Der äußere biologische Aspekt des Archetypus manifestiert sich beispielsweise darin, dass eine Tierart auf eine ihr eigentümliche Weise Brutpflege treibt, dass Fischarten in bestimmter Weise laichen, Vögel auf eine festgelegte Weise nisten, die Spinne ihr Nest baut usw. Dieser Aspekt ist verständlicherweise in erster Linie für die wissenschaftliche Psychologie und Biologie von Bedeutung. Im religiösen Bereich kommt vornehmlich der innere, im Raum der subjektiven Psyche anschaubare Aspekt des Archetypus zur Geltung, denn, so schreibt Jung einmal: »Hier erweist sich der Archetypus als numinos, d. h. als Erlebnis von fundamentaler Bedeutung. Wenn er sich in entsprechende Symbole kleidet, was nicht immer der Fall ist, dann versetzt er das Subjekt in den Zustand der Ergriffenheit, deren Folgen unabsehbar sein können. Hierin liegt der Grund, warum der Archetypus für die Religionspsychologie so wichtig ist: Alle religiösen bzw. metaphysischen Vorstellungen beruhen auf archetypischen Grundlagen.«[127]

Damit ist gesagt, dass das Funktionieren des Archetypus für das religiöse Leben von allergrößter Bedeutung ist. Offenbar stoßen wir damit an die Wurzeln des Religiösen, soweit der betroffene Mensch gemeint ist, vor allem auch dort, wo die Grenzen des Menschlichen in der Ungesichertheit des Ich erfahren werden. Diese Bedeutung der tragenden archetypischen Wirklichkeit wird nicht allein evident, wenn sich Furcht vor den verschiedensten Bedrohungen von außen einstellt, sondern gerade wo fundamentale Angst, existenzielle, im Wesen des Menschen selbst begründete Angst um sich greift.[128]

Angesichts dieses Ausgesetztseins sucht der Mensch nach Zuflucht und Bergung, nach Hilfe und Beistand, die »jenseits« menschlicher Möglichkeiten liegen, auch wenn der Ort, auf dem er sicher stehen kann, gar nicht mit Namen oder Vorstellungen aus der christlichen oder aus der übrigen religiösen Tradition benannt wird. Die Anrufung eines Stärkeren, das Gebet zu Gott, die meditative Wendung zur Mitte, die Innerung – sie stellen, so unterschiedlich sie im einzelnen sein mögen, einen Weg dar, auf dem es zur Begegnung mit dem Archetypus kommt.

Das heißt: Der Mensch wird der Unzulänglichkeit seines kleinen, den vielfältigen Bedrohungen ausgesetzten Ich inne. Er sucht sein Ich in die Obhut eines Schutz und Geborgenheit Verleihenden, in den »Arm der Götter« (Hölderlin) zu stellen. Die großen alt- und neutestamentlichen Worte der Tröstung, die bisweilen vielleicht nur als »fromme Sprüche« oder als schwache

Vertröstung abgetan werden, erweisen sich mit einem Mal als Kraftmitteilungen.

Psychologisch gesprochen kommt es zur Erfahrung der Potenzialität des Archetypus. Der Ruf des in den Grundfesten seines Wesens Erschütterten wird von der Schrift beantwortet:

Zuflucht ist bei dem alten Gott und unter den ewigen Armen.
(5. Mose 33, 27)

Der Höchste ist deine Zuflucht.
(Psalm 91, 9)

Aus der Tiefe rufe ich, Herr, zu dir!
(Psalm 130, 1)

Ich will euch trösten, wie einen seine Mutter tröstet.
(Jesaja 66, 13)

Der Friede Gottes, welcher höher ist als alle Vernunft,
der bewahre eure Herzen und Sinne in Christo Jesu.
(Philipper 4, 7).

Alle diese und ähnliche Kraftworte der Bibel dürfen nicht als »fromme Wünsche« missdeutet oder verharmlost werden. Sie markieren vielmehr die Anschlusspunkte für ein spirituelles Kraftfeld, das Jung im Zusammenhang seiner Erläuterung des Archetypischen mit einem potenziellen Achsensystem verglichen hat. Gemeint sind die anordnenden, Richtung weisenden, die Sinn stiftenden Kräfte. Sie sind insofern »höher als alle Vernunft«, als sie die Einstellungen des planenden, kalkulierenden, »hochrechnenden« Bewusstseins qualitativ und kategorial bei weitem übersteigen.

Der Archetypus lässt sich daher niemals mit dem in Deckung bringen, was das bewusste Ich an Deutungen oder an Bewertungen zu setzen vermag. In den Bildgestaltungen des Traums werden beispielsweise positiv bewertete Personen, Handlungen oder Zustände zum Schrecken des Träumers unversehens mit negativen Attributen versehen.

Das Unbewusste setzt Warnsignale, wo das Bewusstsein eine allzu optimistische Einschätzung vorgenommen hat. Andererseits können sich aber auch Winke des Unbewussten einstellen, die in einer aussichtslos anmutenden Lage Lichtblicke eröffnen und wodurch augenscheinlich Negatives unter einem positiven Gesichtspunkt erscheint. In beiden Fällen ist mit den Bekundungen aus dem Unbewussten eine Erkenntnisaufgabe gestellt, wenn die Anrede aus der Tiefe des psychischen Grundes realisiert und dem bewussten Leben integriert werden soll.

Und was die Anrufung, im Besonderen das Gebet anbelangt, so ist dieser Umgang mit der Welt der archetypischen Wirklichkeit nicht ohne Folgen, wenngleich ein magisches Missverständnis vermieden werden muss. Doch die Gebetserfahrung sagt: »Der Beter lenkt den Arm der Welt.« Manches deutet darauf hin, dass durch das Gebet und durch die geistliche Übung, zu der auch Verzicht und Leiden – psychologisch: die Ansammlung psychischer Energie – gehören, eine Wechselwirkung zwischen Bewusstsein und den gestaltenden, anordnenden Kräften des Archetypus zustande kommt. Wie aber ist die Wirkung von der Seite des Menschen her möglich? Ist die magische Komponente ganz zu vermeiden?

Der Mystiker kennt die Übung der Gelassenheit, bei der das verkrampfte, auf das Ich mit seinen Triebansprüchen fixierte Willensleben »gelockert« wird und sich für das Kraftfeld des Archetypus öffnet. Ohne hier weiter auf die Abläufe des mystischen Lebens einzugehen, das sich als Ausdruck einer intensiven Wechselbeziehung des Menschen mit den Archetypen verstehen lässt, sei wenigstens auf die Vaterunser-Bitte verwiesen: »Dein Wille geschehe!« Damit ist weder Passivität gemeint noch Gleichgültigkeit an einer zielvollen Lebensgestaltung. Diese Anrufung an »unseren Vater im Himmel« entspricht vielmehr einer bewusst vollzogenen Willensentscheidung des Beters, der alles Planen, Tun und Hoffen, für das er voll verantwortlich bleibt, in die Hand »Seines Willens« legt. Hier ist es in dem »Frieden, der höher ist als alle Vernunft« aufgehoben. Hier walten Ordnung und Führung; von hier aus erfolgt die Wandlung des Betenden und schließlich die Vollendung. Alles Tun und Lassen bekommt Sinn.

Richten wir an dieser Stelle unseren Blick auf bestimmte archetypische Bilder des Evangeliums, dann steht im Vordergrund Christus selbst, sodann das, was er tut, was er durch sein Tun in Kraft setzt, nämlich das Reich Gottes oder das Reich der Himmel. Es ist das Urbildhaft-Archetypische, das die Evangelisten in dem Mann aus Nazareth erblicken. Und nur vermöge der Transparenzerfahrung, die ihnen die Augen öffnet, um in dem »schlichten Jesus« den Christus Gottes zu erblicken, sind diese »Diener des Wortes« (Lukas 1,1) als Vermittler der froh machenden Botschaft legitimiert. Die physisch-historische Augenzeugenschaft allein reichte nicht aus. Deshalb steht nicht eine detaillierte Biografie Jesu im Vordergrund ihrer Berichte, sondern der Archetypus Christus, der sich in vielfältiger Weise manifestiert als der Lehrer und Arzt, als Hirte und die Tür zu den Menschen, die der Führung bedürfen (Johannes 10), als Weg, als Wahrheit, als Leben in Brot und Wein, als Licht der Welt, das alle erleuchtet, die an ihn glauben. Vor allem aber ist dieser Christus Jesus der »Menschensohn«, der wahre Mensch.

Glaube als vertrauensvolle Zuwendung zu Christus ist eben nicht die Verehrung eines vorbildlichen edlen Menschen. Wäre das der Fall, so läge der Verdacht eines über zwei Jahrtausende sich erstreckenden gigantischen Personenkultes vor. Glaube an Christus als das wahre Selbst des Menschen heißt vielmehr, mit der archetypischen Wirksamkeit dessen in Verbindung treten, der der Repräsentant all der genannten Bildgehalte ist (nicht nur »bedeutet«).

Das Wort vom Weinstock, mit dem die fruchtbringenden Reben organisch verbunden sind (Johannes 15), drückt diese spirituelle Tatsache anschaulich aus. Damit ist auch schon auf den zweiten, den dynamischen Aspekt der archetypischen Wirklichkeit hingewiesen. C. G. Jung hat die dynamisch-prozesshafte Erscheinungsweise der Archetypen hervorgehoben. Denn: »Das Ziel der psychologischen Entwicklung ist, wie das der biologischen, die Selbstverwirklichung resp. die Individuation. Da der Mensch sich nur als ein Ich kennt, und das Selbst als Totalität unbeschreibbar und ununterscheidbar von einem Gottesbild ist, so bedeutet die Selbstverwirklichung in religiös-metaphysischer Sprache die Inkarnation Gottes. Das ist in der Sohnschaft Christi ausgedrückt. Insofern die Individuation eine heroische oder tragische, d. h. eine schwerste Aufgabe darstellt, bedeutet sie Leiden, eine Passion des Ich, d. h. des empirischen, gewöhnlichen, bisherigen Menschen, dem es zustößt, in einen größeren Umfang aufgenommen und seiner sich frei dünkenden Eigenwilligkeit beraubt zu werden. Er leidet sozusagen an der Vergewaltigung durch das Selbst. (Vgl. dazu Jakobs Kampf mit dem Engel an der Furt.) Demgegenüber bedeutet die analoge Passion Christi das Leiden Gottes an der Ungerechtigkeit der Welt und der Finsternis des Menschen.«[129]

Aus diesem Blickwinkel betrachtet ist es keine bloße Redensart, wenn gesagt wird, das Leiden Gottes, die Passion Christi sei noch in vollem Gang. Es liegt andererseits eine existenzielle Bedeutsamkeit in jeder Vergegenwärtigung des Erdenwegs Christi, der ein Weg der Inkarnation, der Passion und der Christusvollendung ist. Entscheidend ist nur, dass das in Wort und Bild Dargestellte – man denke auch an die einzelnen Stationen des Kreuzwegs, wie sie in Kirchen und an Wallfahrtsstätten »durchschritten« werden – nicht nur äußerliches Bild bleibt. Im Zeitalter der Mündigwerdung des autonomen Menschen, das Rudolf Steiner das Zeitalter der »Bewusstseinsseele« genannt hat, kommt es entscheidend darauf an, dass die Bilder und Symbole mehr und mehr ins Bewusstsein gehoben werden, das heißt, dass man sie in ihrer existenziellen Relevanz auf seinen eigenen Weg bezieht, sie realisiert und den eigenen Kreuzweg seines Schicksals geht.

Aus diesem Grund hat Jung das menschliche und das göttliche Leiden als eine Einheit betrachtet. Beide »bilden zusammen eine Komplementarität mit kompensierendem Effekt: durch das Symbol kann der Mensch die wirkliche Bedeutung seines Leidens erkennen: er ist auf dem Wege der Verwirklichung seiner Ganzheit, wobei sein Ich infolge der Integration des Unbewussten ins Bewusstsein in den ›göttlichen‹ Bereich tritt. Dort nimmt es teil am Leiden Gottes, dessen Ursache die ›Inkarnation‹, d. h. eben jener selbe Vorgang ist, der auf der menschlichen Seite als Individuation erscheint.«[130]

So gesehen fordert das Neue Testament zu einer Interpretation auf, bei der die archetypischen Prozesse des Christuslebens in engster Beziehung zum existierenden Menschen stehen.

So zeigt unsere Betrachtung, wie der Archetypus des Christus-Selbst in mannigfacher Abwandlung als Arzt, Hirte, Weinstock, Licht, Leben usw. Gestalt gewinnt. Und erst dadurch wird der Archetypus des wahren Selbst anschaulich: Gott wird Mensch. Das heilende Tun des Arztes, das Geleit des Hirten, der Lebenszusammenhang des Weinstocks, mit dem sich Christus identifiziert, eröffnet dem Menschen die Begegnung mit ihm als dem wahren Menschen und bewirkt Teilhabe an seinem Heil und Leben.

Oder blicken wir auf eine der bleibenden Grundkräfte des Christlichen, die Hoffnung, die Paulus (1. Korinther 13) zusammen mit Glaube und Liebe aufführt, und sehen wir uns nach einem neutestamentlichen Bildausdruck für die christliche Hoffnung um, dann korrespondiert diese Hoffnung aufs innigste mit dem archetypischen Bild des Reiches der Himmel, wo der Glaube und die die Vereinigung mit Gott bzw. Christus darstellende Liebe wohnen. Sicher liegt dem Bild des Reiches ein mächtiger Archetypus zu Grunde. So wenig anschaulich das »Himmelreich« auf den ersten Blick zu sein scheint, so vielseitig sind die Beziehungen dieses Archetypus zu anderen biblischen und nachbiblisch-historischen Zielbildern der Menschheit.

So erscheint das Himmelreich präfiguriert in dem heftig umstrittenen Königtum Gottes im alten Israel. Auf die Menschheit als ganze bezogen aber müssen wir daran denken, wie die Bibel ein Urbild und ein Zukunftsbild des Reiches vor uns hinstellt: das Urbild vom Paradies am Anfang des Alten Testaments und das Zukunftsbild von der endzeitlichen Gottesstadt. Es ist an anderer Stelle gezeigt worden, wie die Sehnsucht der Menschen nach der Heimkehr in die »hochgebaute« Stadt des neuen Jerusalem sich selbst noch im Negerspiritual unserer Tage widerspiegelt.[131]

Es ist auch nicht zu übersehen, welchen machtvollen Impuls der Archetypus des Reiches sowohl den Sehern und religiös-enthusiastischen Eiferern als auch den Utopisten und Ideologen der Neuzeit gegeben hat. Man denke beispielsweise an die Reichserwartung[132] eines Joachim von Fiore,[133] an den chiliastischen Eifer der Hussiten und Thomas Müntzers, an die Träumer vom idealen Staat des 17. und des ausgehenden 19. Jahrhunderts bis hin zu der marxistischen Utopie von der klassenlosen Gesellschaft der Gleichen, in der man keine Ausbeutung und keine Selbstentfremdung des Menschen mehr kennen solle. Kein Wunder daher, wenn Ernst Bloch in seinem Hauptwerk »Prinzip Hoffnung« als marxistischer Denker das jüdisch-christliche Hoffnungserbe mit seinen Vorstellungen zusammenschaut und so das archetypische Bildgut vom kommenden Reich als eine unablässig fortwirkende dynamische Potenz ins Bewusstsein hebt.

Der Archetypus des Gottesreiches ist also voller Sprengkraft und von einer heute noch gar nicht abzuschätzenden Treibmacht! Schon deshalb kann es sich die Christenheit gar nicht leisten, auf das Motiv des Reiches Gottes zu verzichten. Ebenso wenig scheint es geraten, die tiefenpsychologische Erkenntnishilfe in den Wind zu schlagen, die die Archetypenlehre Jungs darstellt.

Wir haben vom Selbst als dem für die Menschwerdung des Menschen maßgebenden Archetypus gesprochen. Dabei gingen wir von der Tatsache aus, dass die archetypische Wirklichkeit in hohem Maße dynamischer, impulsgebender, formgebender Natur ist, die in der Selbstwerdung (Individuation) jenes Grundmuster eines Prozesses findet, das die Reifung und das Voranschreiten zu vollmenschlicher Ganzheit zum Inhalt hat. Das Selbst ist demnach nicht allein ein Bild; es ist ein ereignisreicher Weg zum Ziel, das nicht schon diesseits der Todesgrenze, sondern das offensichtlich erst jenseits davon liegt. Soweit die Individuation als ein Weg und als ein Werden begriffen werden kann, geht es darum, so disparate Bezirke wie das Bewusste und das Unbewusste, überhaupt polare Gegensätze in einem Vorgang der Auseinandersetzung und der Vereinigung zu integrieren.

So sei noch auf zwei Gegensatzpaare eingegangen, die ihrerseits archetypischer Natur sind und die wesentliche Stationen auf dem Individuationsweg darstellen. Es sind die Gegensätze, die in jedem Menschenleben wie auch auf dem Weg der Christusvollendung eine Aufgabe darstellen, ohne deren Bewältigung das Selbst, das heißt die wahre Identität des Menschen nicht gefunden werden kann. Wir sprechen von der Aufgabe, die das Böse stellt; und wir meinen zum anderen die Begegnung zwischen dem Männlichen und dem Weiblichen.

Begegnung mit dem Bösen und Integration des Schattens

C. G. Jung steht in dem Verdacht, ein zentrales Seins- und Existenzproblem verharmlost zu haben, nämlich das Problem des Bösen, dessen unheimliche Macht und Wirklichkeit den Menschen allerorten umschlingt. Eine solche immer wieder erhobene Unterstellung muss verwundern, wenn man sieht, wie Jung gerade diese Thematik beinahe unablässig in seinen Werken umkreist und wie er auch in den Briefen seinen Fragestellern keine ihm mögliche Antwort schuldig bleibt. So versteht er unter dem Bösen »den schwarzen, ewig wirkenden Feind in der menschlichen Natur und unter ›Sündenfall‹ den Ungehorsam des Urmenschen gegenüber Gottes Gebot und sein Abweichen vom Gesetz. Diese Begriffe bezeichnen einfache und erkennbare psychische Situationen, die sich in jedem Menschenleben wiederholen. ›Sündenfall‹ z. B. entspricht der Erfahrung, dass jeder Mensch seit allem Anfang vom vorgeschriebenen Weg abweicht. Immer wieder führen mich böse Kräfte in Versuchung, und ich bin sogar von ihnen besessen (wie Paulus); Sünde mischt sich nolens volens in mein tägliches Brot [...] Natürlich bin ich nicht im Stande – niemand ist es – zu definieren, was das Böse an sich sei.«[134]

Diese Briefstelle aus dem Jahre 1957, der andere an die Seite gestellt werden könnten, unterstreicht, wie sehr das Böse für Jung eine Realität darstellte, die keine Verharmlosung oder begriffliche Verdünnung duldet. Zum anderen ist aber auch darauf hinzuweisen, dass Jung als Psychologe gar kein (wissenschaftliches) Interesse hatte, irgendwelche Aussagen über den Gesamtumfang des Bösen, was immer darunter zu verstehen sein mag, zu machen. So ist um der erforderlichen Klarheit willen eine doppelte Unterscheidung zu treffen, nämlich die des archetypisch absolut Bösen »als einen Aspekt der Natur und des hinter ihr stehenden göttlichen Geheimnisses als eines Abgrundes, vor dem den Menschen ein Schaudern ergreift«, wie es zum Beispiel Jakob Böhme von seinem Erleuchtungserlebnis her kennt – und einer anderen Wesensschicht des Bösen, die als »ein Stück kulturell zurückgebliebener Minderwertigkeit im Menschen« angesehen werden kann,»ein Stück Tierischheit und Maßlosigkeit, das nicht nur böse ist, sondern mit der nötigen menschlichen Weisheit eingebaut und umgewandelt werden kann«.[133]

Dieses Böse, von Jung »Schatten«, dunkler Persönlichkeitsanteil genannt, ist für den Psychologen wie für die religiöse Deutung von Belang. Dieses Böse, das ebenso wie das Gute erwogen sein will, lässt sich nicht durch ein paar dogmatische Sätze abtun. Ebenso wenig duldet es, dass man es vernachlässigt, indem man auf die unlösbaren Rätselfragen nach dem Radikal-Bösen und nach dessen eschatologischem Schicksal ausweicht. Eine solche Flucht – oder ist es nicht der Versuch einer Verdrängung? – ist umso weniger gestattet, als Tag für Tag eine Flut von Gewalttaten aus dem individuell-zwischenmenschlichen und aus dem kollektiven Leben der Völker in Form von Nachrichten an uns heranbrandet.

So gesehen leben wir relativ unbewusst mit dem Bösen, sofern wir nicht als Opfer oder als unmittelbar Geschädigte und davon Bedrohte davon existenziell betroffen sind. Dabei müsste das Böse sowohl als ein Ereignis, das sich zwischen den Menschen (draußen) begibt, als auch als eine mit unserem Menschsein gegebene (innere) Tatsache begriffen und bewusst gemacht werden können.

Jedoch dieser zweite, das eigene Innen, die eigene Existenz betreffende Aspekt wird zu selten realisiert. Und zwar geschieht das Bewusstsein der in uns selbst liegenden Negativität umso weniger, als alle Berichterstattung auf Schuldige weist, die abseits von uns – mit guten Gründen, versteht sich! – zu suchen sind. Nicht vergessen sei die literarische und die Fernsehunterhaltung, die sich größter Beliebtheit erfreut und die man »Krimi« nennt! Man selbst begibt sich in die Rolle des Zuschauers. Als Fernsehkonsument betrachtet, ja genießt man die auf den Bildschirm projizierte Aufzeichnung von Untaten. So wird man am allerwenigsten gewahr, dass man eine verblüffend ähnliche Technik tagtäglich im Umgang mit Menschen anwendet. Es ist die »Technik«, die die Psychologie Projektion nennt.

An die Stelle der fernsehtechnischen Apparatur und den Bildschirm tritt der problematisch erscheinende Mitmensch und vor allem die viel berufene, der Veränderung bedürftige »Gesellschaft«. Sie müssen als Projektionswand für etwas herhalten, was zwar nicht in jedem Fall, jedoch allzu oft aus dem eigenen Innern, aus der Unzulänglichkeit unseres »Schattens« stammt. Der Vorgang der Projektion selbst erfolgt unbewusst. Gerade deshalb ist der Projizierende so empört über den, an dem er den Schattenwurf seiner eigenen Minderwertigkeit wahrnimmt, von dem er aber nicht einmal ahnt, dass er selbst der Verursacher des Schattens, nämlich seines eigenen Schattens ist.

Ohne nun auf die Schattenproblematik, die Jung unter dem persönlich-individuellen und unter dem kollektiven Gesichtspunkt an vielen Stellen seines Werks beschrieben hat, in allen Einzelheiten näher einzugehen, sei hier wenigstens gesagt, von welcher praktischen Wichtigkeit die Auseinandersetzung mit den dunklen Persönlichkeitsanteilen ist. Das gilt namentlich für das Voranschreiten auf dem Weg der Selbstwerdung. Damit stehen wir erneut an einem Punkt, an dem die christlich-religiöse und die psychologische Erfahrung einander entsprechen bzw. wo die tiefenpsychologische Erkenntnis geeignet ist, den Blick für eine bestimmte Dimension der Wirklichkeit zu öffnen.

Seine Hilfestellung als Psychotherapeut hat Jung im Vergleich zur christlichen Betrachtungsweise einmal folgendermaßen erläutert: »Die Konfrontation mit der dunklen Hälfte der Persönlichkeit, mit dem sogenannten Schatten, ergibt sich von selbst in jeder einigermaßen gründlichen Behandlung. Dieses Problem ist so wichtig wie das der Sünde in der Kirche. Der offene Konflikt ist unvermeidlich und peinlich. Ich bin schon oft gefragt worden: ›Was tun Sie damit?‹ Ich tue nichts; ich kann gar nichts tun, als mit einem gewissen Gottvertrauen abwarten, bis aus einem mit Geduld und Tapferkeit ertragenen Konflikt sich diejenige, von mir nicht vorauszusehende Lösung ergibt, welche diesem Menschen beschieden ist. Ich bin allerdings dabei nicht passiv oder untätig, sondern helfe dem Patienten, alle jene Dinge zu verstehen, welche das Unbewusste während der Dauer des Konfliktes produziert. Man darf es mir glauben, dass dies keine Gewöhnlichkeiten sind. Es gehört vielmehr zum Bedeutendsten, das mir jemals unter die Augen gekommen ist [...]«[136]

Was Jung im Auge behält und worauf es bei der Konfrontation mit dem Schatten ankommt, das ist die Betonung psychischer Erfahrung. Sie ist durch keinen Pseudo-Glauben zu ersetzen. Im übrigen gilt: »Man wird nicht dadurch hell, dass man sich Helles vorstellt, sondern dadurch, dass man Dunkles bewusst macht. Letzteres aber ist unangenehm und daher nicht populär.«[137]

Was also hat zu geschehen? – Der Hinweis Jungs besteht einmal darin, dass der Schatten »in der Regel nur etwas Niedriges,

Primitives, Unangepasstes und Missliches (ist), und nicht absolut böse«.[138] Mit einer bloßen Unterdrückung des Schattens ist es nicht getan. Nur was bewusst gemacht wird, kann auch korrigiert werden. Derartige Korrekturen dürfen nun nicht – wie es bisweilen geschieht – mit Versuchen zur »Selbsterlösung« gleichgesetzt werden.

Wir haben es bei der psychologischen Bearbeitung des Schattens eher mit einem Gegenstück zu dem zu tun, was Jesus in der Bergpredigt sagt: Wir sind geneigt, den Splitter im Auge des Mitmenschen zu sehen; des Balkens im eigenen Auge werden wir indessen gar nicht gewahr.

Um eine solche Erkenntnisarbeit geht es bei der Konfrontation mit dem Schatten. Doch auf diesen ersten Schritt muss ein zweiter folgen, auf die Erkenntnis die Tat. Jung verweist ausdrücklich auf die Art, wie Jesus mit den Sündern Umgang gepflegt hat. Und so ist es bemerkenswert, wie die psychologische Annahme und Integration des Schattens erst im Licht des Evangeliums deutlich wird. Umgekehrt wird das Handeln Christi durch die tiefenpsychologische Deutung für den Umgang mit der eigenen Minderwertigkeit und Dunkelheit in überraschender Weise einsichtig.

Seine »Rechtfertigung durch die Werke« verdeutlicht Jung daher mit dem Beispiel der Nachfolge Christi: »Christus hat sich des Sünders angenommen und ihn nicht verdammt. Die wahre Nachfolge Christi wird dasselbe tun, und da man dem anderen nichts tun sollte, was man sich nicht selber täte, so wird man sich auch des Sünders annehmen, welcher man selber ist. Und so wenig man Christus anklagt, dass er mit dem Bösen fraternisiere, so wenig soll man sich den Vorwurf machen, dass die Liebe zum Sünder, der man selber ist, ein Freundschaftspakt mit dem Bösen sei. Durch Liebe bessert man, durch Hass verschlechtert man, auch sich selber [...]«[139]

Den Nächsten »wie sich selbst« lieben kann daher eigentlich nur der, der mit seiner eigenen Minderwertigkeit (der tatsächlichen wie der scheinbaren) ins Reine kommt, indem er diese als eine schicksalhafte Gegebenheit annimmt. Das soll und darf jedoch keinen Freibrief für moralische Nachlässigkeit darstellen.

Und wenn eine Verbindungslinie vom Begriff des Schattens in der Analytischen Psychologie zum Neuen Testament gezogen werden kann, dann trifft diese Linie dort die Wirklichkeit der christlichen Botschaft, wo Jesus vom Kreuz und von der Nachfolge spricht, wo er sein Kreuz trägt und Menschen in die Nachfolge einlädt: »Wer mein Jünger sein will, der nehme sein Kreuz auf sich und folge mir nach!« Das Evangelium zeigt, wie der Schatten des Kreuzes eine kollektive, in der Gemeinschaft der Menschen sich zeigende Realität sein kann und wie er sich als ein individuelles Problem darstellt.

Der kollektive Aspekt ist an dem Verhalten der in die Christusnachfolge gerufenen Jüngerschaft abzulesen. Diese Menschen meinen »auf dem rechten Weg« zu sein. Sie haben auch tatsächlich ihre Alltagsbindungen gelöst und sind als Schüler dem Rabbi Jesus nachgefolgt. Doch als dieser Weg in sein entscheidendes Stadium eintritt, nämlich – allen sichtbar, spürbar – ins Stadium der Passion, da weichen alle fast ausnahmslos zurück, selbst die Vertrautesten. Sie lassen sich noch auf den Berg der Verklärung hinaufführen. Sie lassen sich von dem Erlebnis visionärer Faszination und Transparenz entzücken. Da möchten sie ihrem Meister und den Gestalten der geistigen Schau (Mose und Elia) »Hütten bauen«. Es fällt ihnen aber ungeheuer schwer, wieder in die Banalität des Alltags hinunterzusteigen. Vor allem begreifen sie nicht, weshalb sie mit dem Meister »hinauf gen Jerusalem« ziehen sollen, wo die Passion in letzter Konsequenz zu durchleiden ist: Das widerfahre dir, Jesus, nur ja nicht! So wehrt Petrus ab.

Erschrecken, Zurückweichen, Verleugnung, Verrat, Flucht – das sind die Verhaltensformen, die die Jüngerschaft in dieser Phase an den Tag legt. (Die Evangelienschilderungen sind im übrigen durchsichtig genug, um zu zeigen, wie in diesem Kollektivverhalten der Gestalten von einst die Tendenz des Menschen schlechthin liegt, dem Prozess der Selbstwerdung auf dem Weg zum Christus-

Selbst auszuweichen und Hindernisse auf dem Weg zur Ganzwerdung des Menschen aufzubauen. Kein Mangel an Aktualität also!)

Die tatsächliche innere Situation der Jünger Jesu drückt der Evangelist aus, wenn er berichtet, wie Jesus in den peinvollen Nachtstunden im Garten Gethsemane selbst seine vertrautesten Begleiter schlafend findet, unfähig, mit ihm zu wachen, unfähig, sehenden Auges dem Unvermeidlichen entgegenzutreten. Diese Wachsamkeit aber hat mit Bewusstsein zu tun und drückt die Fähigkeit aus, das dunkle Geschick, das zugleich göttliche Schickung ist, zu bejahen: Dein Wille geschehe!

Eine Gemeinschaft, eine Gesellschaft, eine Menschheit, die dem Schlaf der Unbewusstheit ausgeliefert ist (nicht nur ausgeliefert zu sein scheint), stellt zweifellos eine gigantische Aufgabe für die »Wachen«, ihrer Verantwortung Bewussten dar. Oft läge es nahe, an der Menschheit zu verzweifeln. Doch eben dieser kollektive Schatten, wie wir ihn genannt haben, will bewusst angenommen werden. Es genügt nicht, »diese Gesellschaft« immer nur anzuklagen und die individuelle Schattenhaftigkeit oder das persönliche Missgeschick auf das Kollektiv einer Masse und auf die sie mitbedingenden »Verhältnisse« zu projizieren. Den kollektiven Schatten anzunehmen, dazu ist eigentlich nur der fähig, der inmitten der individuellen Schattenhaftigkeit schon eine partielle Bewusstheit errungen hat. Ausdruck der Annahme des kollektiven Schattens ist im Evangelium das hohepriesterliche Gebet Jesu (Johannes 17), in dem er, das wahre Selbst des Menschen, fürbittend die Menschheit umspannt: »Ich bitte für sie, dass du, Vater, sie bewahrest vor dem Bösen!« Wo anders als hier ist die Wurzel für die Weltverantwortung des Christen? Der Repräsentant der Menschheit kennt die Abgrundtiefe und die Radikalität des Bösen. Er weicht dieser Realität nicht aus, sondern er überwindet sie, indem er sie annimmt »bis zum Tode am Kreuz«.

Kommen wir noch auf den individuellen Aspekt des Schattens zu sprechen, dann wird uns dieser im Evangelium durch verschiedene Figuren vor Augen geführt, die im Passionsdrama eine bezeichnende Rolle spielen. Bald ist es ein Mann wie Petrus, bald ist es der Zweifler Thomas, bald ist es eine Persönlichkeit aus den Reihen der Widersacher, schließlich archetypisch verkörpert im »Versucher« und im »Fürsten dieser Welt«. Die typische Schattenfigur im Kreis der Jünger Jesu aber ist Judas Ischariot, der Verräter, der sein dunkles Werk in der »Nacht« tut. Judas ist abgestempelt. In der kirchlichen Verkündigung ist ihm eine bestimmte Rolle zugewiesen, und zwar gerade in der Passionsgeschichte, als sollte damit zum Ausdruck gebracht werden, dass das Böse und die Tat derer, die im Banne des Bösen stehen, unverzichtbar in das Heilsgeschehen hineingehören.

Auf der anderen Seite stellt sich die Frage nach der Gegenwart des Judas-Schattens mitten im menschlichen Alltag und in der christlichen Existenz. Haben wir uns mit diesem Judas etwa nicht ständig auseinanderzusetzen? Sind wir uns seiner Realität und Präsenz überhaupt bewusst? Wo begegnen wir ihm, etwa nur im problematischen Mitmenschen? – Fragen, denen niemand ausweichen kann, aber auch Fragen, auf die von der Analytischen Psychologie her ein erhellendes Licht fällt.

Das Evangelium selbst gibt Anstöße zu einer eingehenden Beschäftigung mit der Schattenfigur des Judas,[140] indem es zeigt, wie Jesus ihn, den »Verräter«, in voller Bewusstheit in die Schar seiner Jünger aufgenommen hat, als er »die Zwölf ordnete« (Markus 3,13 f.). Der dunkle Bruder ist demnach von Anfang an dabei, und zwar gewollt und der Ganzheit der Zwölf zugezählt. Die erste Christenheit hat noch instinktiv um die Symbolhaftigkeit der Zwölf gewusst, als sie nach Karfreitag und Ostern durch Zuwahl die Lücke füllte, die durch den Weggang des Judas entstanden war. Sollte Ganzheit durch die Anwesenheit, ja durch die Mitwirkung des Bösen mitkonstituiert sein?

Daran ist bei aller Paradoxie der Vorgänge der Passion kaum ein Zweifel möglich; denn Jesus hat diesen Judas offensichtlich angenommen. Judas empfängt die Fußwaschung seines Herrn ebenso wie die übrigen Jünger, und er teilt mit ihm den Bissen beim letzten Abendmahl. Derselbe Brotlaib und derselbe Becher, den der Christus seinen Jüngern darreicht, speist und tränkt auch den Verräter: Das schattenhafte Ich-bin des Judas und das Ich-bin Christi kommunizieren – ein unerhört sakramentaler Vorgang! Die Freundes-Umarmung des Verräters im Garten Gethsemane mutet an wie eine Hervorhebung dieses unbegreiflichen Phänomens, das wir psychologisch gesehen die verwandelnde Integration des Schattens nennen können. Doch was heißt das praktisch?

Den Schatten assimilieren, ihn annehmen heißt eben, das mängelbeladene Ich ebenso annehmen wie das konkrete mitmenschliche Du. Das konkrete Du annehmen heißt sodann, die »Anderheit des Anderen« (M. Buber) in und mit diesem Du akzeptieren, auch wenn und gerade weil diese Anderheit uns fremd und fern vorkommt. Die böse Tat wird dadurch nicht relativiert oder »entschuldigt«. Aber da Judas mitten unter uns, ja in uns ist und die Anderheit der Anderen unserer ganzen Zuwendung bedarf, ist Jesu Haltung seinem Jünger Judas gegenüber für uns bedeutsam. Über dem Evangelienabschnitt, der diese Annahme des schattenhaften Jüngers dokumentiert, könnte daher das Wort stehen, das Jesus seinen Jüngern nach der Fußwaschung gesagt hat: »Ein Beispiel habe ich euch gegeben, auf dass ihr tut, wie ich euch getan habe.«

Damit ist keine äußere und somit missverstandene Imitation Christi gemeint; dergleichen hatten auch nicht die Mystiker des Mittelalters im Sinne, die mit Thomas a Kempis (»De Imitatione Christi«) einen geistlichen Weg der Christusnachfolge beschritten haben. Im übrigen erfordert gerade die Erkenntnis des Schattens, und das heißt die des zu unserem eigenen Ich gehörigen Schattens, Selbsterfahrung in der Begegnung und für die Begegnung.

Damit ist abermals zum Ausdruck gebracht, dass die Analytische Psychologie nicht etwa einer beziehungsfremden Innerlichkeit das Wort reden will. Auch und gerade dort, wo über die ersten Ansätze zu einer Selbsterfahrung hinaus weitere Schritte auf dem Individuationsweg gemacht werden können, ist das menschliche

Du und ist die Beziehungsfähigkeit im Allgemeinen gesellschaftlichen Bereich voll bejaht.

C. G. Jung hat sich deshalb mit aller Deutlichkeit etwaigen Missverständnissen gegenüber abgegrenzt, wenn er schreibt: »Die Seele, die nur aus der menschlichen Beziehung lebt, geht verloren [...] Ohne anerkannte und akzeptierte Bezogenheit auf den Nebenmenschen gibt es überhaupt keine Synthese der Persönlichkeit. Die innere Verfestigung des Individuums stellt daher keineswegs die Verhärtung des Massenmenschen auf höherer Stufe dar, etwa in Form einer geistigen Abgeschlossenheit und Unzulänglichkeit, sondern begreift den Mitmenschen ein [...] Die Beziehung zum Selbst ist zugleich die Beziehung zum Mitmenschen, und keiner hat einen Zusammenhang mit diesem, er habe ihn denn zuvor mit sich selbst.«[141]

Nehmen wir die verschiedenen Schatten-Aspekte nicht nur in ihrer negativen Erscheinungsform, also nicht allein in ihrer bedrohlichen Gestalt, die natürlich nicht verharmlost werden soll, sondern blicken wir auch auf die Möglichkeit, den Schatten zu »bearbeiten«, das Kreuz zu »tragen«, dann enthüllt der Schatten und das in ihm sich inkarnierende Böse mit einem Male seine bis dahin verborgene positive Größe. Denn an dem Widerstand, den uns das Böse in uns und um uns darbietet, können wir wachsen. Wir können Antriebskräfte auf dem Weg der Selbstwerdung selbst dort finden, wo sich uns eine Welt der Negationen entgegenstellt.

Ein Mann vom geistlichen Range eines Jakob Böhme vermochte in seinem erbittertsten Gegner, dem Görlitzer Oberpfarrer Gregor Richter, und dessen Machenschaften den »Treibhammer Gottes« zu sehen. Ihm ist es zu einer unbestreitbaren religiösen Erfahrung geworden, dass denen, die Gott lieben, alle Dinge zum Besten dienen müssen. Und selbst der marxistischen Rezeption der Philosophie Hegels, die ohne die Spiritualität Böhmes gar nicht zu denken ist, war die »gewaltige Treibmacht des Negativen« (Ernst Bloch) nicht fremd. Freilich, die Fassade muss durchschaut werden. Das erfordert Wachheit, Mut und eine auf dem Weg der inneren Reifung erlangte Aktivität. Sie ist – wenn nicht alles trügt – im christlichen Glauben, in der Liebe und in der Hoffnung enthalten als ein Impuls, der zu neuer Wirklichkeitserfahrung und zur Bewältigung des Bedrohlichen führt.

Zur Erhebung des Weiblichen im Christentum

»C. G. Jung hat in unserer Zeit den groß angelegten Versuch gemacht, das christliche Dogma von der Psychologie her zu ergänzen und die hier vorherrschende männliche Denkstruktur, die nur von Begriffen wie ›Vater‹ und ›Sohn‹ bestimmt ist, durch die Öffnung zum Weiblichen hin in eine wirkliche Ganzheit zu integrieren.«[142]

In seiner Einführung in die Religionspsychologie verbindet Ulrich Mann diese Feststellung mit dem Eingeständnis, dass dieses Problem von der Jung-Schule selbst nicht ausdiskutiert und dass die Theologie bislang so gut wie überhaupt nicht auf den speziellen Beitrag Jungs eingegangen sei. Die Verdrängung des Weiblichen aus dem religiös-dogmatischen Denken ist nach wie vor eine Tatsache. Es ist bekannt, dass der Protestantismus gemeinhin dieses Faktors in einem hohen Maße entbehrt, während der römische Katholizismus in der Marienfrömmigkeit, die östliche Orthodoxie in der Verehrung der göttlichen Sophia einen Ausgleich zum betont patriarchalischen Denken gefunden haben. Zwar ist die göttliche Sophia auch protestantischen Sehern, etwa Jakob Böhme und seinen zahlreichen Schülern, als eine Wirklichkeit begegnet; sie konnte dort bis zur Bildung von menschenkundlichen Vorstellungen von der androgynen, männlich-weiblichen Ganzheit des Menschen fruchtbar werden[143]. Aufs Ganze gesehen aber ist sie eine esoterische Lehre, der die Aufnahme durch die kirchliche Öffentlichkeit versagt geblieben ist.

So wie die alttestamentliche Frömmigkeit auf das »väterliche« Tun Gottes ausgerichtet ist, so blieben der lutherische und der reformierte Katechismus, die reformatorischen Bekenntnisschriften in ihrer Gesamtheit, auf Gott den Vater und den Sohn fixiert.

In den langjährigen und vielseitigen Bemühungen, die »Pastorenkirche« zu überwinden und das Priestertum aller Gläubigen für Mann und Frau zu erringen, spiegelt sich der Mangel wider, der dem einseitigen Denkmodell in der geltenden Ordnung innewohnt. Das neutestamentliche Hirten- und Wächteramt scheint eine geschlechtsspezifische »Diakonia« (Dienst) zu sein.

Dieser Eindruck wird zumindest erweckt. Es ist bekannt, welche großen Schwierigkeiten Kirchenleitungen und Synoden hatten, die theologisch voll ausgebildete Frau zum Predigtamt und zur sogenannten »Sakramentsverwaltung« zuzulassen – ganz zu schweigen von dem starren Priesterkanon im Katholizismus. Umso größer musste das Erstaunen sein, als ausgerechnet ein aus dem schweizerischen Konservatismus kommender Pastorensohn die Proklamation des letzten Mariendogmas der römisch-katholischen Kirche weithin vernehmbar begrüßte.

Man mag auf sich beruhen lassen, wie das von Pius XII. (1950) verkündete Dogma von der leibhaftigen Himmelfahrt Mariens im einzelnen zu bewerten ist. Fest steht, dass – aus psychologischer Perspektive betrachtet – mit der Erhebung des Weiblichen buchstäblich eine Er-Gänzung vollzogen wurde, die nicht ohne Wirkung auf das Bewusstsein jenes Teils der Christenheit bleiben dürfte, dem es gelingt, zum Väterlich-Männlichen im göttlichen Bereich das Mütterlich-Weibliche hinzuzufügen. Das heißt, es stellt sich die Aufgabe der Integration des Weiblichen in einer weitgehend vaterrechtlich orientierten Kultur.

Diese Aufgabe stellt sich für das heutige Christentum auch noch unter folgendem Gesichtspunkt: Wer die anwachsende okkultistische Literatur beobachtet, die in den letzten Jahren auch in deutscher Sprache verbreitet worden ist, dem wird aufgefallen sein, dass die erotisch-sexuelle Komponente bisweilen eine starke Betonung erfahren hat. Dabei seien fragwürdige, auf einen breiten Publikumsgeschmack spekulierende Publikationen, die marktschreierisch einen »sexuellen Yoga« und dergleichen anpreisen, von vornherein als undiskutabel ausgenommen.

Es ist aber nicht zu leugnen, dass gerade östlich-fernöstliche Esoterik der erotisch-sexuellen Symbolik große Bedeutung beimisst. Man denke hierbei an gewisse Yogapraktiken im Bereich des hinduistischen und buddhistischen Tantrismus oder im chinesischen Taoismus. Alles Streben nach Vollkommenheit, nach Aufhebung der Gegensätze findet seinen vornehmlichen Bildausdruck in der ewigen Kohabitation, in der glückhaften Vereinigung des Männlichen mit dem Weiblichen auf höchster göttlicher Ebene. Es soll die Vereinigung des Menschen mit dem Tao, mit dem Ur-Einen, herbeigeführt werden.

Um aber die Überschreitung des individuellen Ich und die Begegnung mit der polar entgegengesetzten »Anderheit« des transzendenten Anderen sichtbar werden zu lassen und diesem Prozess eine möglichst adäquate leibhafte Form zu verleihen, ist offensichtlich die geschlechtliche Vereinigung die erlebnisintensivste Gestalt der Verwirklichung. Es besteht keinerlei Anlass, zu leugnen, dass der ritualisierte Sexualakt als Hierosgamos (heilige Hochzeit) in den alten Mysterienreligionen und in bestimmten esoterischen Verbänden – sei es konkret, sei es symbolisch – vollzogen worden ist, und zwar noch ehe es zu den immer wieder berichteten Dekadenzerscheinungen mit den fragwürdigen und skandalösen Veräußerlichungen des eigentlichen Mysteriums kam.

Echte Esoterik hat es immer mit Innenerfahrungen zu tun, die auf den fortschreitenden Reifungsvorgang dessen verweisen, der einen geistig-religiösen Schulungsweg betritt. Die unvermittelte Konfrontation mit der sexuellen Symbolik lässt den unvorbereiteten Beschauer jedoch im unklaren über das, was eigentlich gemeint ist. Er sieht nur das Vordergründige, Manifeste und vermutet Menschlich-Allzumenschliches, etwaige Zugeständnisse an das »schwache Fleisch«. Es bleibt ihm indes verborgen, dass echte Symbole über ihre jeweilige sinnfällige Erscheinungsweise hinaus auf eine übersinnliche Dimension der Wirklichkeit verweisen. Koitierende Paare, wie sie beispielsweise an den Fassaden hinduistischer Tempel oder in den Aufzeichnungen aus der taoistischen Tradition zu sehen sind, werden notgedrungen missdeutet: »Weil die Menge gleich verhöhnet...« Gewiss ist auch einem anderen Missverständnis zu wehren, das darin besteht, erotisch-sexuelleMotive allzu rasch spirituell, genauer: spiritualistisch-verkürzt zu interpretieren, als gelte es, die menschliche Leiblichkeit zu verabscheuen.

Beide Tendenzen, die vordergründig-sensualistische und die eben genannte leibfeindlich-spiritualistische Deutung des Phänomens verfehlen den Sinn. Denn wo Ganzwerdung angestrebt wird, da geht es darum, alle Dimensionen, alle Seinsebenen der Wirklichkeit zu umfassen und Schritt um Schritt zur Ganzheit menschlicher Verwirklichung zu verschmelzen. Die physisch-leibliche Sphäre darf dabei keine Ausnahme bilden, am allerwenigsten in derjenigen Religion, in deren Mitte die Botschaft von der Fleischwerdung (Inkarnation) Gottes steht. Jedenfalls stellt die asiatische Spiritualität mit ihrer erotisch-sexuellen Symbolik eine ernst zu nehmende Anfrage an den abendländischen Christen dar. Es ist die Anfrage, ob und in welchem Maße er jener Integration fähig ist, die weder die Flucht in die Askese noch das Abgleiten in einen hemmungslosen Libertinismus antreten muss.

Verdanken wir Sigmund Freud eine vorurteilsfreiere Sicht der Sexualität, so liegt ein Verdienst C. G. Jungs darin, den inneren Aspekt des Erotischen wie des Irdisch-Leiblichen durch Animus und Anima sichtbar gemacht zu haben. Während die Psychoanalyse jedoch vom Ansatz her dahin tendiert, Seelisches auf die sexuelle Triebkomponente zu reduzieren, hat Jung den Symbolcharakter des sexuellen Motivkreises enthüllt, wobei wir auch hier unter einem Symbol einen sinnfälligen Ausdruck für eine darüber hinausreichende, hinausweisende Wirklichkeit verstehen. Mit der Entdeckung oder Wiederentdeckung eines gegengeschlechtlichen Seelenbildes, das heißt der Anima beim Mann und des Animus bei der Frau, wollte Jung nicht etwa nur das terminologische Vokabular bereichern. Er hob hervor, dass sein Begriff der Anima »ein reiner Erfahrungsbegriff« sei[144] und dass er als solcher weder mit dem bekannten philosophischen noch etwa mit dem christlich-dogmatischen Seelenbegriff gleichgesetzt werden dürfe[145].

Doch nicht darum kann es in unserem Zusammenhang gehen, Jungs Darlegungen zum Seelenbild (Animus, Anima) zu entfalten. Es lässt sich ohnehin nicht durch eine knappe Definition eindeutig und umfassend bestimmen, da es viele Aspekte aufweist, bewusstseinsnähere und bewusstseinsfernere, lichte und dunkle, positive und negative. Mit dem individuellen »Schatten«, den dunklen Persönlichkeitsanteilen, aber hat das Seelenbild das gemeinsam, dass es unbewussterweise auf Sachen und auf Personen projiziert werden kann. So projiziert der Mann das Bild seiner Anima auf die Frau, die er begehrt. An dem Bild, das er in sich selbst trägt, misst er das Weibliche, dem er gegenübertritt. Und die allbekannte Faszinationskraft des Weiblichen überfällt ihn umso mehr, um so folgenreicher, je weniger er sich seiner (inneren) Anima bewusst ist. Vor allem meint er oft, das, was ihn zutiefst beeindruckt, komme nur von außen an ihn heran; dabei wurzelt es in seiner eigenen Seelentiefe, eben als Seelenbild.

Es stellt sich die Frage, was die Psychologie unter Zuhilfenahme des Anima-Begriffs zum Menschen- und Gottesbild beizutragen habe. In Kürze lässt sich hier soviel sagen: Das Seelenbild der Anima trägt zu einer grundlegenden Neubesinnung auf das Wesen des Menschen bei, der letztlich nicht auf ein Geschlecht, auf das des Mannes oder auf das der Frau, festzulegen ist, wiewohl die menschliche Existenz und das auszulebende menschliche Schicksal eindeutig durch eine männliche oder durch eine weibliche Verkörperung bestimmt sind und wiewohl die Reifung zur menschlichen Ganzheit davon auszugehen hat, dass der schicksalhaft zugewiesene Geschlechtscharakter bejaht und verwirklicht wird.

Das hat im bewussten Leben zu geschehen. Die Anima wurzelt indes in den archetypischen Gegebenheiten des Unbewussten. Und es liegt ein Indiz für die Selbstverwirklichung darin, dass diese gegengeschlechtliche Seite des Unbewussten ebenfalls bejaht und der bewussten Lebensführung zugeordnet wird. Wo das geschieht, das heißt: wo der Anima-Charakter des eigenen Unbewussten nicht nur hypothetisch-wissensmäßig zur Kenntnis genommen, sondern als zum eigenen Wesen gehörig erfahren wird, da besteht Aussicht, die patriarchale Einseitigkeit des Menschen- und des Gottesbildes zu überwinden.

Es ist eine Einseitigkeit, die wir an der Imago des göttlichen Vaters und des Sohnes ablesen, von der wir seit nahezu zwei Jahrtausenden unsere Gottesvorstellung bestimmt sein lassen. Dabei ist das Christentum keinesfalls eine typische Männerreligion; ebenso wenig ist es – etwa nach der hohen Beteiligung der Frauen am kirchlichen Leben zu schließen – eine Frauenreligion. Das Christentum ist vielmehr die Religion des Menschen. In ihr soll einzig das In-Christo-Sein (Galater 2, 20) den Ausschlag geben; rassische, geschlechtliche oder gesellschaftliche Unterschiede oder Zugehörigkeiten haben nach der Überzeugung des Apostels Paulus hier ihre einstige dominierende Bedeutung verloren, denn: »Hier ist kein Jude noch Grieche, hier ist kein Knecht noch Freier, hier ist kein Mann noch Weib; denn ihr seid allzumal einer in Christo Jesu« (Galater 3, 28).

Es kann andererseits auch eingesehen werden, dass im Katholizismus Maria, »die Mutter Gottes«, ihrerseits zu einer bevorzugten Trägerin von Projektionen geworden ist für unzählige Menschen, die – so lange sie nur projizieren – ihre eigene psychische Weiblichkeit unentwickelt lassen, nämlich als denkende, fühlende, wollende Menschen. Dabei käme es aber darauf an, die »in tausend Bildern« nach außen projizierte, »lieblich ausgedrückte« Maria, von der Novalis im Lied singt, von jener inneren Maria zu unterscheiden, »wie meine Seele sie erblickt«. Christliche Frömmigkeit könnte dann der Projektion und Faszination entbehren, die mit der Gestalt der Mutter Jesu verknüpft ist. »Maria« würde mehr und mehr zu einer Seelenhaltung, zu einer spezifischen Seelenmöglichkeit, etwa auch meditativer Art. Die großen Mystiker wissen um diese Möglichkeit, die sie sich selbst angeeignet haben, indem sie sich für die religiöse Erfahrung öffneten.

Das Evangelium gibt selbst einige Hinweise, wo es von der Glaubenshaltung der Mutter Jesu, aber auch von anderen Frauengestalten berichtet. »Maria« würde dann in einem ihrer wichtigsten Aspekte als die schöpferische Matrix erkannt werden und auf höchster göttlicher Ebene als die heilige Sophia (Weisheit), von der schon das Alte Testament Zeugnis ablegt, wenn es von der »Werkmeisterin« spricht, die dem Schöpfergott bei der Erschaffung der Welt beigestanden habe[146]. Sie ist es, die unserem logosartigen Erkennen »sophianische« Züge verleiht. All das zielt auf eine Ergänzung, nicht auf eine Verdrängung oder Minderung der menschlichen, »typisch männlichen« Rationalität, die so sehr im Zeichen kritischer Analyse steht. Entsprechendes trifft für das Willensleben zu. Ein Ausgleich zwischen Extraversion und Introversion, das heißt zwischen tätigem Agieren nach außen und meditativem Hören nach innen, käme dort zu Stande, wo im Sinne des Jesuswortes aus dem Lukasevangeliums nach dem »Einen, das Not tut« gefragt wird. Es ist gewiss kein Zufall, dass Jesus hier Maria, der Schwester des Lazarus, jene Tugend zuerkennt, die der ganz in der Aktivität und in der Dienstbereitschaft aufgehenden Martha fehlt oder zu fehlen scheint.

In Visionen und in imaginativen Bildern haben die Seher und Dichter der Christenheit diese Dimension der göttlichen Sophia in den Blick gefasst, und zwar auch dann, wenn die religiöse Komponente des archetypisch Weiblichen in den Hintergrund zu treten scheint. Heute macht uns die dafür offene Psychologie deutlich, dass es sich hierbei um keine zufälligen Hirngespinste handelt, die sich einige Ausnahmemenschen erdacht hätten, sondern dass sich darin elementare Bedürfnisse der menschlichen Psyche wie von selbst aussprechen.

Im individuellen Menschenleben hat die Entdeckung und hat schließlich der Umgang mit der Anima seine Zeit. Als Aufgabe stellt sich die Realisierung der Anima vornehmlich in der zweiten Lebenshälfte. Gemessen an der Integrationsaufgabe, die der »Schatten« stellt, bedeutet eine wenigstens teilweise Zurücknahme der Anima-Projektionen für den Individuierenden das Meisterstück, ein großes Wagnis, eine »Mutprobe« besonderer Art. Jung nennt es auch einmal ein »Feuerordal« aller psychischen Kräfte. Hier fallen Lebensentscheidungen!

Auf die Christenheit in ihrer Gesamtheit bezogen, drängt sich ein Vergleich auf. Vieles spricht dafür, dass die Menschheit dabei ist, die Schwelle zu überschreiten, die sich in Analogie zu jenem Übergang setzen lässt, der um die Lebensmitte beginnt. Will die Christenheit der Zukunft gewachsen sein,dann muss sie sich nicht allein auf die Wiederbelebung der im überkommenen Dogma aufgehobenen spirituellen Güter besinnen. Sie muss darüber hinaus in dem Sinne zu wachsen bereit sein, in dem das Neue Testament von der Herankunft des Heiligen Geistes spricht, der »Wegführer in die ganze Wahrheit« ist[147].

Ich nenne noch einen Gedankenkreis, mit dem Jung die vorgegebene Keimhülle der dogmatischen Überlieferung durchbricht und mit dem die bisherige theologische Denkstruktur verändert wurde. Ich meine den Schritt, den der Psychologe über die christliche Trinitätsvorstellung hinaus zu derjenigen einer göttlichen Quaternität tut. Dabei sind es zwei Faktoren, die Jung in der christlichen Dreifaltigkeitslehre vermisst, die jedoch zu den Konstanten der menschlichen Existenz gezählt werden müssen. Es sind die erwähnten Faktoren des Bösen und des Weiblichen.

Offensichtlich hat das trinitarische Denken an wirkender Symbolkraft eingebüßt, je mehr sich das Verlangen nach Selbstwerdung und nach Ganzheit in der Psyche manifestiert. Damit ist nochmals jene Reifungsproblematik angesprochen, die sich aus der Aufgabe der Integration des Bösen und der Realisation des (weiblichen) Seelenbildes ergibt. Ausgehend von der Beobachtung, dass sich im Unbewussten ein Archetypus der Ganzheit vorfindet, gelangt Jung zu der Feststellung: »Gewiss hat der Glaube recht, wenn er dem Menschen die Unermesslichkeit und Unerreichbarkeit Gottes vor Augen und zu Gemüte führt; aber er lehrt auch die Nähe, ja Unmittelbarkeit Gottes, und es ist gerade die Nähe, die empirisch sein muss, soll sie nicht völlig bedeutungslos sein. Nur das, was auf mich wirkt, erkenne ich als wirklich. Was aber nicht auf mich wirkt, kann ebenso gut nicht existieren. Das religiöse Bedürfnis verlangt nach Ganzheit und ergreift darum die vom Unbewussten dargebotenen Ganzheitsbilder, die, unabhängig vom Bewusstsein, aus den Tiefen der seelischen Natur aufsteigen.«[148]

Diese Ganzheit aber ist vornehmlich durch die »Kreuzung« zweier Gegensatzpaare, also durch die Vier symbolisiert. Wir sehen vor uns das elementare und damit zugleich universale Symbol des Kreuzes, das von einem Kreis umschlossen wird – Inbegriff der alles umgreifenden Ganzheit. Schon von diesem Zentralsymbol des Christlichen her, das nicht zufällig auch ein uraltes Sinnzeichen der Menschheit ist, legt sich für Jung die Vermutung nahe, dass ein quaternitäres Symboldenken im Christentum unterschwellig bereits wirksam sei. Dafür gibt es tatsächlich eine Fülle von Belegen, die bei verschiedenen Esoterikern der Christenheit zu finden sind. Es ist vor allem das Problem des Bösen in der Gestalt der ungeheuren Gegensatzspannung, die nicht etwa zwischen einem guten und einem bösen Gott, wie wir ihn vom persischen oder gnostischen Dualismus her kennen, besteht, sondern die in dem »verborgenen Gott« (deus absconditus) selbst veranlagt ist. Mit tiefstem Erschrecken legen die alttestamentlichen Gottesboten Zeugnis davon ab. Und Männer wie Nikolaus von Kues oder Nikolaus von Flüe, Martin Luther oder Jakob Böhme haben je auf ihre Weise diese Gegensätzlichkeit erfahren. Angesichts solcher Erfahrungen ist es nicht statthaft, den Ganz-Anderen auf einen gemütvollen »lieben Gott« zu reduzieren, theologisch gesprochen auf ein »höchstes Gut« (summum bonum).

Dieser Absage an eine Verniedlichung des Unnahbaren, wiewohl er in Christus dem Menschen liebend zugewandt ist, und dieser Mahnung angesichts der Radikalität des Bösen sucht Jung zu entsprechen. Als ein zutiefst Erschütterter hat Jung in dem späten Werk »Antwort auf Hiob« dieser Gegensatzspannung Ausdruck verliehen. Bewegt aber hat ihn das Problem lebenslang, wobei es die Gegensatzspannung Männlich – Weiblich ist, die nach Vereinigung ruft. Nicht genug damit, dass die mittelalterlichen Alchemisten im Zusammenhang ihrer Bereitung des »Steins der Weisen« die Verbindung von rex und regina (König und Königin) auf der Stoffesebene herbeizuführen suchten; Gott selbst »will sich im Mysterium der himmlischen Hochzeit erneuern und will Mensch werden«.[149]

In der Auseinandersetzung mit Hiob erblickt Jung den eigentlichen Grund für die Menschwerdung. »Wie Adam als ursprünglich hermaphroditisch (männlich-weiblich) gilt, so gilt auch das ›Weib und sein Samen‹ als ein Menschenpaar, nämlich als die Regina coelestis und Gottesmutter einerseits und der göttliche Sohn, der keinen menschlichen Vater hat, andererseits. So wird Maria, die Jungfrau, als reines Gefäß für die kommende Gottesgeburt auserwählt [...] Ihre (d. h. Mariens) Assumptio ist das Vorbild für die leibliche Auferstehung des Menschen. Als Gottesbraut und Himmelskönigin hat sie die Stelle der alttestamentlichen Sophia inne.«[150]

Was Jung in einer einzigartigen – für viele befremdenden – Zusammenschau von psychologischen, theologischen und religionsgeschichtlichen Tatbeständen schildert, darf nicht allein als eine begrifflich-formale Veränderung der dogmatischen Grundlagen gesehen werden. Der Blick auch des Kritikers hätte sich auf das lebendige Geschehen, um das es hier geht, selbst zu richten. Gert Hummel kommt daher zu dem Schluss: »Wenn die quaternitären Bilder Wahrheit ausdrücken, dann bedeuten sie einen Abschnitt im Wesens- und Erneuerungsprozess des Gottseins Gottes und zugleich des Menschseins des Menschen. Quaternität zeigt an, dass das flächig gedachte Ganzheitssymbol der Zeitenwenden (d. h. die Trinität) sich in die natürliche, wirkliche Ganzheit wandelt. Die Individuation des Menschen kommt gleichermaßen zum Ziel wie die Individuation Gottes. Denn Gottes Gottsein zielt, wie das Menschsein des Menschen, auf die volle, wirkliche ›complexio oppositorum‹.«[151]

Es sei abschließend gar nicht geleugnet, dass das, was Jung in der Gestalt der Quaternitätsidee vor seine Leser hinstellt, nicht ohne weiteres als eine problemlose »Wegweisung zu Christus« angesehen werden kann. Was in der individuellen Reifung, etwa beim Erleben eines therapeutisch begleiteten Individuationsprozesses, realisiert zu werden vermag, das muss nicht ohne Schwierigkeit auf der religiösen Ebene akzeptiert werden können. Schließlich hat Jung auch nicht gezögert, sein von Theologen mit Vehemenz angegriffenes Hiob-Buch als die »fragende Stimme eines einzelnen« zu bewerten, der gehofft hat, »der Nachdenklichkeit seiner Leser zu begegnen«.[152] So sollte seine Anfrage in erster Linie als eine Anregung, gegebenenfalls als ein Weckruf und als ein Impuls für seine Zeitgenossen betrachtet werden, der sich sowohl auf die Reifung wie auf das Wachstum des Christentums bezieht.

6. Leben im Zeichen der Wandlung

Auf dem Wege einer Seelenführung, die mit dem Wesen der Wandlung vertraut macht und die dem Menschen bei seinem Erleben der Wirklichkeit wie ein Wegführer die nötigen Erkenntnishilfen bietet, erfüllt die Jungsche Psychologie und Therapie eine wichtige Aufgabe. Dabei kann es fürs erste gleichgültig sein, ob dieses Geleit als christlich-religiös bedeutsam angesprochen werden kann oder nicht. Wesentlich ist, dass menschliche Existenz im allgemeinen, christliche Existenz im Besonderen als ein Weg erkannt – man muss sagen: als Weg wiedererkannt wird.

Selbst- und Nächstenliebe

Das Christentum ist als eine soziale Tatsache geschichtliche Wirklichkeit geworden. »Seht, wie sie einander so lieb haben!« Dieser erstaunte Ausruf eines außenstehenden Beobachters dokumentiert etwas von der Wirkung, die die erste Christenheit auf ihre heidnische Umwelt ausgeübt haben muss. Es ist das Ereignis der Agape, der im zwischenmenschlichen Bereich erfahrbar gewordenen, durch Christus in Kraft gesetzten Liebe. Sie ist zwar nicht mit dem Eros der antiken Dichter und Denker zu verwechseln. Doch muss Agape den Eros nicht etwa ausschließen, wie es so oft geschehen ist. Sie kann ihn umfassen; sie sollte ihn in die Ganzheit des Lebens einfügen und als die gute Gabe der Schöpfung annehmen.[153]

Dieser Agape-Faktor der Christenheit hat jedoch an Spannung und Wirkkraft eingebüßt, wenn wir allein die letzten Jahrhunderte überblicken und an die Katastrophen denken, die im gesellschaftlichen Bereich um sich gegriffen haben. Die Bedrohung des Menschen erwies sich immer auch als eine Bedrohung des Mitmenschlichen und bedeutete einen gefährlichen Schwund an praktizierter Mitmenschlichkeit. Die gleichzeitig ins Werk gesetzte vielfältige karitative Tätigkeit der Kirchen hat diese Bedrohung des Mitmenschen durch den Menschen im Grundsätzlichen kaum verringert, sondern sie hat – selbstverständlich absichtslos – das Ausmaß der Gefährdung eher nur verdeckt.

Es ist klar: Der Samariterdienst an der Unfallstelle kann gar nicht hoch genug eingeschätzt werden. Viel zu lange aber hat die Christenheit gebraucht, bis sie sich zu der Einsicht durchrang: Es genügt nicht, am Unfallort bereitzustehen, Verunglückte zu bergen, Opfer zu bestatten, Hinterbliebene zu trösten; der Unfallort selbst, die vielen sozialen Ungerechtigkeiten müssen beseitigt werden! Soviel haben die radikalen, aus dem atheistisch-humanistischen Lager kommenden Sozialrevolutionäre immerhin erkannt, wenn sie die christliche Liebestätigkeit auf deren die Gesellschaft verändernde Kraft hin unter die Lupe genommen haben.

Auf eine knappe Formel gebracht, wird man sagen können: Die Christenheit in der früh- und spätkapitalistischen Phase ihrer Geschichte hat Barmherzigkeit geübt, nachdem die Kirche als Institution längst ein Bündnis mit den politisch und wirtschaftlich Mächtigen eingegangen war. Die urchristliche Agape hat ihre ursprüngliche gesellschaftsgestaltende Potenz eingebüßt. Die Kirche gestattete in den Tagen Wicherns und Bodelschwinghs (das heißt in der Mitte des 19. Jahrhunderts) gerade noch, den aufgrund von Korruption und Ausbeutung in Not Geratenen Almosen zu geben; die Ursache, die die Notlage jeweils herbeigeführt hatte, aber beseitigte sie nicht, ja sie erkannte sie nicht einmal. Die Kritik derer, die die Sozialarbeit der Kirche unter die Lupe nehmen, lässt sich nicht leichtfertig abtun.

Es wird gefragt: Könnte es nicht sein, dass die kirchliche Liebestätigkeit dazu dient, die ungerechten sozialen Verhältnisse da und dort aufrechtzuerhalten? Könnte es nicht sein, dass die Kirche inzwischen zwar mit größerem Engagement – gemäß Bonhoeffers Forderung – »für andere da« ist, dieses Für-andere-Dasein jedoch – und sei es unbewusst – zur Durchsetzung von Eigeninteressen oder zur Aufrechterhaltung des Status quo missbraucht?

Daneben müssen aber auch jene Fragen gehört werden, die sich gerade zu einem Zeitpunkt stellen, in dem Mitmenschlichkeit, gesellschaftliche Veränderung, Emanzipation und Mitbestimmung zu den Pflichtvokabeln der öffentlichen Diskussion geworden sind: Ist eigentlich schon grundlegend Neues erreicht, wenn alle die berechtigten oder doch wünschenswerten Ziele einer sozialen Neuordnung Wirklichkeit geworden sind? Darf die Kritik an den bestehenden Verhältnissen sich auf die Kritik an der vorgegebenen Gesellschaft beschränken? Werden etwa gar Fundamentalprobleme des Menschen auf »die Gesellschaft« projiziert? Was hülfe es dem Menschen, wenn zwar die äußeren Verhältnisse hinsichtlich Eigentumsverteilung, Mitbestimmung oder sozialer Chancengleichheit geordnet würden, er jedoch an der Selbstentfremdung weiter unvermindert zu leiden hätte?

Fragen über Fragen, die dazu geeignet sind, die Tiefe des menschlichen Elends auszuloten, aber auch Fragen, die auf eine vergessene oder doch vernachlässigte Dimension menschlicher Heilungs- und Heilsbedürftigkeit verweisen! Das programmatische Wort der Bibel: »Du sollst Gott, deinen Herrn, lieben von ganzem Herzen, von ganzer Seele, von allen Kräften und von ganzem Gemüte und deinen Nächsten wie dich selbst« (s. Mose 6, 5 und Lukas 10, 27) ist geeignet, unsere wahre Situation zu enthüllen. Denn es ist nicht allein die Gottesliebe in unserer Mitte problematisch geworden. In hohem Maße problematisch geworden ist auch die Liebe zum Mitmenschen und die erstaunlicherweise arg missachtete Liebe zum eigenen Selbst. An die Stelle dieser durch die Bibel beinahe als selbstverständlich vorausgesetzten Selbst-Liebe ist die Ich-Vergötzung getreten, das heißt ein Egoismus, der unfähig ist zur Beziehung mit sich selbst und der schließlich auch der zwischenmenschlichen Beziehungsfähigkeit Wesentliches vorenthält.

Um nun zu erhellen, was mit diesem Doppelaspekt der Selbst- und der Nächstenliebe gemeint sein mag, wenden wir uns der Jungschen Psychologie und Therapie zu und prüfen, inwieweit sie zu einer Neubelebung der Agape-Wirklichkeit etwas beizutragen vermag. (Unter dem Gesichtspunkt der Schatten-Problematik berührten wir dies Thema bereits.)

Mitunter wird befürchtet, die Analytische Psychologie widme sich nur der »Höherentwicklung« des Einzelnen, sie leiste einer nicht unproblematischen Selbstveredelungsbegierde Vorschub, vernachlässige darüber aber die zwischenmenschliche Sphäre. Unter völliger Verkennung des Tatsächlichen wird manchmal das Kernstück der Jungschen Psychologie, die Individuation, mit der Ausgeburt eines selbstsüchtig-einseitigen Individualismus gleichgesetzt. Dabei haben beide Begriffe und die ihr zugrunde liegende Sache überhaupt nichts miteinander zu tun. Fest steht allerdings dies, dass Individuation, Selbst-Werdung, die annäherungsweise Verwirklichung des eigenen Selbst, einen Vorgang darstellt, für den keine allgemein verbindlichen Normen vorliegen. Der Individuationsprozess ist, wie wir gesehen haben, eine eminent individuelle und damit eine einzigartig-einmalige Angelegenheit des betreffenden Menschen. Für ihn gibt es kein Schema und keine statistischen Durchschnittswerte. Der angepasste, der durch Massenmedien, durch Konsum- und sonstige Werbung beliebig steuerbare, zu allgemeinen Verhaltensmustern verführbare Mensch hingegen ist von dem weit entfernt, was Jung unter Individuation versteht!

Ein solcher außengesteuerter Mensch ist sich gar nicht bewusst, was er mit sich geschehen lässt. Er durchschaut nicht, dass er, wenn er eine Ware, einen Lebensstil, eine Partei usw. »wählt«, nicht eigenen moralischen Impulsen folgt, sondern Opfer einer ausgeklügelten Werbepsychologie geworden ist. Für ihn sind die Medien und Werbeträger nicht etwa Vermittler von Information, die kritisch genutzt werden sollten, sondern er lässt sich zum willfährigen Objekt machen. Das geschieht in dem Maße, in dem er unbewusst so funktioniert, wie die »geheimen Verführer« sich das Verhalten großer Menschenmassen ausgerechnet haben. Der Seelenverlust, der sich demzufolge ereignet, ist kaum abzuschätzen.

Das gestörte und durch kirchliche Verkündigung und Seelsorge nicht einfach wiederherzustellende zwischenmenschliche Verhalten erfährt in der Analytischen Psychologie in der Tat eine therapeutische Korrektur. Dabei ist bemerkenswert, dass eben der erwähnte Doppelaspekt der Selbst-Liebe und der Nächsten-Liebe zur Geltung gebracht wird, ohne dass Jung dies etwa unter Berufung auf die biblische Vorlage zum Programm erhoben hätte.

Nur wer zur Selbstliebe (in dem genannten Sinne: Liebe zum wahren Selbst) fähig ist, nur wer eine Beziehung zu den Wirkkräften seiner eigenen Psyche herzustellen vermag, ist auch in der Lage, Nächstenliebe zu üben. Der mit sich uneins lebende, dissoziierte Mensch stellt auch für die Gemeinschaft eine Belastung dar. Umgekehrt gilt: Nächstenliebe und Beziehungsfähigkeit sind ein Prüfstein dafür, ob die Beziehung zum eigenen Selbst gewachsen ist. In der Nächstenliebe und in der Zuwendung zum Mitmenschen muss das am eigenen Selbst Erfahrene fruchtbar werden.

Beginnen wir bei einer wenig belangvoll scheinenden Äußerlichkeit der Jungschen Psychotherapie, nämlich damit, in welcher äußeren Haltung Arzt und Patient miteinander umgehen. Es ist die Grundhaltung eines partnerschaftlichen Gegen-Übertretens. Diese Partnerschaftlichkeit, bei der man sich Auge in Auge gegenübersitzt, kann – zumindest prinzipiell – der schon legendär gewordenen Couch des Psychoanalytikers entraten. Partnerschaft meint Teilhabe. Analysand und Analytiker (sofern diese Bezeichnungen unter dem Aspekt praktizierter Psycho-Synthese noch anwendbar sind) nehmen an ein und demselben schicksalhaft-einzigartigen Geschehen teil. Das tun zwar beide aus ihrer individuellen Situation und aus ihrer Rollenposition heraus – der eine, indem er beispielsweise die Hervorbringung seines Unbewussten (Träume, Einfalle, Gedankenverbindungen) schildert; der andere, indem er, Stimmungsmomente feststellend, Zusammenhänge mit der Alltagswirklichkeit klärend, zurückfragt und Hilfen zum Verstehen und zum Verarbeiten der Produktionen aus dem Unbewussten anbietet – aber beide erleben ein und denselben Prozess.

Für beide ist es das Abenteuer eines gemeinsamen Weges, der von jedem der beiden Partner in einem wechselseitigen Aufeinanderangewiesensein gegangen werden muss. Der Ausgang ist ungewiss. Der Analytiker hat nicht einmal ein klares Vorherwissen von dem, was dem Partner zu einem unbekannten Zeitpunkt unterwegs begegnen mag. Als Wegführer weiß der Analytiker bestenfalls, wie vor auftretenden Hindernissen oder bei etwaigen Gefahren zu handeln ist. Aber die Situation ist offen.

Von entscheidender Wichtigkeit ist es nun, dass sich so etwas wie ein seelisches Kraftfeld der Beziehung zwischen den beiden Partnern aufbaut. In der Terminologie Martin Bubers, des dialogischen Denkers, könnte man es die Sphäre des »Zwischen« nennen, das, Beziehung stiftend und doch Distanz haltend, sich zwischen den Polen von »Ich« und »Du« konstelliert. Der Analytiker, der sich wie der Analysand zu gemeinsamer Arbeit entschlossen hat, wird buchstäblich »der Nächste« dem gegenüber, der sich seiner Wegführung anvertraut. Wirkende Anteilnahme lässt sich nicht mimen. Der Analytiker wird in eben dem Maße Mitbetroffener, in dem der Analysand ein Mithandelnder, also im Rahmen seiner Möglichkeiten aktiv wird. Denn das Erleben, Verstehen, das Integrieren und Realisieren bleibt Sache des einzelnen.

Das wechselseitige Geben und Nehmen im seelischen Bereich nennt die Tiefenpsychologie Übertragung und Gegenübertragung. Dieser Vorgang spielt in jeder tiefer gehenden Analyse eine bedeutende Rolle, da es notwendig ist, dass der Arzt in eine Beziehung zu der im psychologischen Entwicklungsprozess befindlichen Person tritt und dass umgekehrt auch vom Analysanden her eine in seinem Wesen freilich erst noch zu durchschauende Beziehung zum Therapeuten zustande kommt[154].

Gefühle der Sympathie oder der Antipathie, der Liebe oder des Hasses werden »übertragen«, wo immer Menschen miteinander zu tun haben. Doch das sind in der Regel unbewusst vollzogene, unbewusst bleibende Vorgänge, also Projektionen. Jeder aufmerksame Beobachter des gesellschaftlich-politischen Lebens weiß, dass auch kollektive gesellschaftliche Größen, ganze Völker Übertragungen produzieren, vor allem negative, und damit dazu beitragen, eine negativ geladene Atmosphäre zu schaffen. Eine soziale Psychotherapie, die in das gesellschaftliche Miteinander hineinwirkt, gibt es offenbar noch nicht.

Die Tiefenpsychologie wird zu einem hilfreichen, Kommunikation ermöglichenden Faktor im zwischenmenschlichen Beziehungsfeld, indem sie diese unbewussten Projektionsmechanismen aufklären und auflösen hilft. Wo derartige Projektionen in ihrer psychischen Bedingtheit durchschaut und aufgrund der Einsicht in ihre Struktur schrittweise zurückgenommen werden – wir berührten diese Aufgabe im Zusammenhang der Schatten-Phänomene –, da wird echte Ich-Du-Beziehung erst möglich. Es werden dann auch oberflächliche Sympathie-Projektionen als das gesehen, was sie sind und was sie nicht sein können: Solche Projektionen müssen keinesfalls Ausdruck wesenhafter Liebe und selbstloser Zuwendung sein; sie können auch ganz anders motiviert sein.

Fortschritte auf dem Weg der Individuation führen andererseits nicht in die Selbstisolation hinein, sondern sie tragen dazu bei, dass ein in seiner »Ich-Einsamkeit« (F. Ebner) selbstverschlossener Mensch für die Begegnung bereit wird. Aus einer anlagebedingten Introvertiertheit wird jedoch nicht einfach eine Extraversion. Umgekehrt ist ja keineswegs gesagt, dass der Extravertierte allein schon wegen seiner »Umgänglichkeit« oder »Leutseligkeit« ein beziehungsfähiger Mensch sein müsse. Unter der Maske seines Auftretens kann sich sehr wohl ein raffiniert verhüllter Egoismus verbergen. Auch hier stellt sich eine nicht zu unterschätzende Erkenntnisarbeit als Aufgabe.

Das Christuswort: »Liebe deinen Nächsten wie dich selbst!« ist beiden gesagt: dem Introvertierten wie dem Extravertierten. Der vollen Zuwendung ist jedoch nur fähig, wer im Blick auf Christus, den Prototypus des Selbst, sein wahres Selbst gefunden hat, sein wahres Selbst zu suchen bereit ist.

Das biblisch-archetypische Bild, das hier existenzielle Bedeutung erlangt, ist das Symbol der Tür. Christus sagt: Ich bin die Tür – zu den Menschen (Johannes 10). Friedrich Rittelmeyer, der in seinen Ratschlägen für die Meditation der johanneischen Ich-bin-Worte auch das Wort von der Tür behandelt, gibt dort zu bedenken: »Man handelt im Sinn Christi und alles höheren Lebens, wenn man wirklich Christus als die Türe aufrichtet, durch die hindurch man immer in Gedanken zu dem andern Menschen geht. Das ist, wie wenn man eine Sphäre der reinsten Selbstlosigkeit zwischen sich und den andern legt und sich nur erlaubt, durch diese Sphäre hindurch zu ihm zu gehen, mit ihm zu sprechen, ja an ihn nur überhaupt zu denken [...] Bald wird uns dann ein tiefes Verständnis aufgehen für das Christuswort, das Christus auch an derselben Stelle spricht: Alle, die nicht durch diese Tür gehen, sind Diebe und Räuber. Immer mehr werden wir uns ganz wirklich wie Einbrecher vorkommen, wenn wir mit selbstsüchtigen Wünschen und Interessen an den andern denken.«[155] Das Ich-Bin, das Rittelmeyer in diesem Zusammenhang ins Auge fasst, entspricht letztlich dem Selbst im Sinne von Carl Gustav Jung.

Seelische Hygiene in der Lebensmitte

Eine der wesentlichsten Einsichten C. G. Jungs, die sich für eine praktische Hilfe für die Lebensgestaltung und für die Bewältigung der menschlichen Existenzprobleme eignen, liegt zweifellos auf dem Feld einer seelischen Hygiene, die als eine Seelsorge an der eigenen Seele verstanden werden kann. Denn was hülfe es dem Menschen, wenn er die ganze Welt umgestaltete und sich sogar im Dienst einer weltweiten Nächstenliebe aufopferte, wenn er sich selbst von dieser Umgestaltung ausnähme?

Veränderung beginnt innen. Sie beginnt in der Umwandlung der eigenen Wesensmitte; von da richtet sich die Aktivität nach außen: Trachtet am ersten nach dem Reich Gottes (das in euch ist)! In diesem Christuswort liegt zweifellos ein wichtiges Lebensgesetz.

Eine Umkehrung dieser Reihenfolge ist ausgeschlossen. Äußere Regsamkeit und Engagement ersetzen nicht die innere Wandlung.

Je mehr nun der Gegenwartsmensch von dem sehr verständlichen und an sich auch berechtigten Streben nach Erfolg fasziniert ist, je mehr ein Prestigedenken den schon bestehenden Leistungsdruck erhöht, desto schwerer wird er den Forderungen gerecht werden, die seine eigene Psyche an ihn stellt. Es sind Anforderungen einer Wachstumstendenz, die nicht im Biologischen begründet ist und die sich gerade zu dem Zeitpunkt zu äußern beginnt, in dem biologische Abbauprozesse erste Spuren hinterlassen. Wir sprechen von einem Wachstum, das überhaupt nicht als naturbedingt angesehen werden kann.

Gemeint ist eine Entelechie, das heißt eine speziell dem Menschen innewohnende Entwicklungstendenz, für die die Werdevorgänge in der Natur bestenfalls als Analogien genommen werden können, weil sie naturhaft-selbsttätige Vorgänge überschreitet. Denn sobald die Stadien der ersten Lebensjahrzehnte durchlaufen sind, zeichnet sich ein Einschnitt in jedem Menschenleben ab. In der Mitte einer Biografie wird sichtbar, dass die natürlichen Antriebskräfte der Jugend zur Neige gehen und die weitere Lebensführung nun von jedem einzelnen entschlossen in die Hand genommen werden muss. Das ist aber nur aufgrund einer Neuorientierung möglich, bei der die Leitbilder, Zielvorstellungen und Leistungsnormen, mit denen man sich in der ersten Lebenshälfte vertraut gemacht hat, eine Wandlung erfahren müssen.

Wie schwer diese Einsicht heute in der »modernen Gesellschaft« fällt, zeigt sich einerseits in der Überbetonung der jugendlichen Lebensform auf nahezu allen Gebieten unserer Zivilisation, andererseits in dem Verlangen, diese jugendlich-wachstümliche Lebensphase so weit wie irgend möglich zu verlängern. Vielfach stehen auch die an sich begrüßenswerten Aktivitäten, die dem alten Menschen gelten, unter diesem fragwürdigen Vorzeichen. Aber der Schwellenübertritt erfolgt, wie gesagt, um die Lebensmitte, also etwa Ende der dreißiger Jahre eines Lebens.

»Je mehr man sich der Lebensmitte nähert und je mehr es einem gelungen ist, sich in seiner persönlichen Einstellung und sozialen Lage zu festigen, desto mehr will es einem scheinen, dass man den richtigen Lauf des Lebens und die richtigen Ideale und Prinzipien des Verhaltens entdeckt habe. Darum setzt man dann ihre ewige Gültigkeit voraus und macht sich eine Tugend daraus, an ihnen auf immer hängen zu bleiben. Man übersieht dabei die eine wesentliche Tatsache, dass die Errichtung des sozialen Zieles auf Kosten der Totalität der Persönlichkeit erfolgt. Vieles, allzu vieles: Leben, das auch hätte gelebt werden können, bleibt vielleicht in den Rumpelkammern verstaubter Erinnerung liegen, manchmal sind es auch glühende Kohlen unter grauer Asche [...]«[156]

Angesichts dieser Tatbestände, die sich teils in Anpassungsschwierigkeiten an die besonderen Verhältnisse der zweiten Lebenshälfte, teils in depressiven und neurotischen Schwierigkeiten äußern, deren Erscheinungsbild die Psychotherapeuten zur Genüge kennen, stellt sich die Frage nach der Vorbereitung auf diesen Lebensabschnitt. Wie sieht die Hilfe aus, die die christliche Botschaft dem jeweils Betroffenen geben könnte, geben müsste?

C. G. Jung hat einmal darauf hingewiesen, dass selbst kluge und in anderer Hinsicht gebildete Menschen von den psychischen Wandlungsvorgängen der Lebensmitte nicht nur nichts wissen, sondern dass sie wie die allermeisten gänzlich unvorbereitet in die zweite Lebenshälfte eintreten. Es sollte eigentlich »Schulen für Vierzigjährige« geben. Es versteht sich, dass damit nicht eigens zu errichtende Institutionen gemeint sind. Die Forderung bezieht sich vielmehr auf eine innere Neuorientierung der Lebenseinstellung überhaupt. Sie ist spätestens seit dem Zeitpunkt angezeigt, mit dem das Jugendalter als ein Geschenk eigener Art erkannt wurde und in dem man aufhörte, das Kind oder den Jugendlichen als einen »noch nicht Erwachsenen« abzuwerten.

So wie wir gehalten sind, die Menschheitsgeschichte als einen großen Entfaltungsprozess des menschlichen Bewusstseins und der Selbstverwirklichung zu sehen, so tut es not, die einzelnen Stadien eines individuellen Lebenslaufs neu zu bewerten. C. G. Jung argumentiert so: »Der Mensch würde gewiss keine siebzig und achtzig Jahre alt, wenn diese Langlebigkeit dem Sinn seiner Spezies nicht entspräche. Deshalb muss auch sein Lebensnachmittag eigenen Sinn und Zweck besitzen und kann nicht bloß ein klägliches Anhängsel des Vormittags sein.«[157]

Und was jene »Schulen für Vierzigjährige«, das heißt für die problematische Übergangsphase um die Lebensmitte anlangt, so scheinen diese früher nicht nötig gewesen zu sein, damals nämlich, als die Religionen noch stark genug waren, eine alle Lebensabschnitte umspannende Lebenshilfe zu bieten. Diese Lebenshilfe umfasst die Vorbereitung auf Tod und Ewigkeit. Ein Leben, das aus Gottes Hand kommt, in Gottes Hand geht und lebend oder sterbend in Gottes Hand ruht, ist sicher ganz anders qualifiziert als ein Menschenleben, das in weitgehender »Emanzipation« und Entfernung von den Quellen und dem Grund alles Lebens geführt wird.

Nun ist jenes Emanzipationsgeschehen des sich autonom setzenden Menschen nicht rückgängig zu machen, selbst wenn das jemand wollte. Ein derartiger Rückschritt bedeutete die Preisgabe der Eigenständigkeit des menschlichen Ich als einer selbstverantwortlichen Persönlichkeit. Dieses Ich-Bewusstsein wurde gerade im Zuge der großen Extraversion gewonnen, mit der sich die abendländische Menschheit die Erde Untertan gemacht hat. Die Neuorientierung kann demzufolge nur in voller Bejahung des zurückgelegten Menschheitswegs gewagt werden. Gerade dieser zu sich selbst gekommene Mensch ist es, der die Gestaltung seines Lebens von nun an selbst in die Hand nehmen kann und soll. Ein Schoßkind der Natur oder der sie lenkenden Götter wäre dazu gar nicht fähig.

Die Analogie zwischen der Menschheitsentwicklung und dem Reifungsvorgang im Leben eines einzelnen drängt sich auf: Der ersten Lebenshälfte entspricht jene Menschheitsvergangenheit, in der der Einzelne, eingebunden in die Ordnungen seines Volkes oder seiner Rasse, um seinen Lebensweg und seine Zukunft nicht besorgt sein musste, weil das Kollektiv, ja »die Götter« selbst seine Geschicke lenkten: »Im Arm der Götter wuchs ich groß«, schreibt Hölderlin. Diese Phase ist für den individuellen Menschen abgelaufen, wenn er um die Lebensmitte auf der Schwelle der »Neuzeit« seines eigenen, nun selbst zu verantwortenden Lebens steht.

Der Einzelne kann nun nicht mehr darauf bauen, dass andere – Eltern, Lehrer, Ausbilder – ihm den Weg ins Leben bahnen; er muss das selbst tun. Und dieser Weg verläuft nicht mehr ausschließlich unter Gesichtspunkten, wie sie durch die Begründung einer wirtschaftlichen und gesellschaftlichen Existenz, durch die Begegnung mit dem anderen Geschlecht und durch die Begründung einer Familie bestimmt sind; dieser Weg bekommt eine deutliche Wendung nach innen. Mit der Frage nach dem Sinn ergibt sich die Notwendigkeit eines Ausgleichs zwischen »innen« und »außen«, zwischen dem Bewusstsein und den Wirkkräften aus dem Unbewussten. Es ist nicht zuletzt die Zeit, in der die archetypischen Bilder die in ihnen aufgehobene religiöse Wirklichkeit zur Geltung bringen, indem sie bestimmte Ansprüche an das bewusste Leben stellen.

Damit haben wir den Punkt bezeichnet, an dem die Analytische Psychologie in besonderer Weise mit dem Evangelium und dem Ruf Christi zur Umkehr (Metänoia) in Berührung kommt. Denn nachdem die Religionen, auch das kirchliche Christentum, ihre frühe Bedeutung und damit ihre Führungs- und Prägekraft eingebüßt haben, ist einerseits dem Psychotherapeuten die Funktion zugefallen, die einst der Seelsorger mitzuerfüllen hatte, andererseits hat im Westen die asiatische Spiritualität eine starke Faszination zu entfalten begonnen. Darin wird man keine Modeerscheinung sehen dürfen. Es sind vielmehr eben jene urtümlichen Bilder und Symbole, von denen aus »die Menschen der zweiten Lebenshälfte« nach dem suchen, was sie in der angestammten Religion zu vermissen meinen.

Doch mit dieser östlich gestimmten geistig-seelischen Hygiene und mit dieser Seelsorge an der eigenen Seele kommt ein besonderes Problem auf die Christenheit zu. An dieser Stelle sei nur daran erinnert, dass C. G. Jung einen Weg weist, der zwar keinen Verzicht auf die west-östliche Begegnung bedeutet, der aber als ein Weg zur Begegnung mit Christus angesehen werden kann. Und dieser Weg ist wesentlich ein Weg, der im Zeichen der Umkehr und der Wandlung steht.

Entwicklungsbedürftig und entwicklungsfähig

Das Christentum verdankt einem einzigartigen, in einem geschichtlichen Augenblick empfangenen Impuls seine Entstehung. Gemäß dem Zeugnis des Neuen Testaments handelt es sich um die Ausgießung des Heiligen Geistes, durch den Menschen in der Tiefe ihres Wesens ergriffen und gewandelt werden. So darf das Christentum nicht als ein unveränderlicher Zustand aufgefasst werden, der lediglich Mal um Mal zu restaurieren, zu reformieren und auf seine ehemalige Form zurückzuführen wäre. Das Christentum ist entgegen allen andersartigen Erscheinungsweisen ein fortschreitender Prozess wie der Mensch selbst; denn: »Es ist noch nicht erschienen, was wir sein werden!« Es ist in einem hohen Maße das Verdienst C. G. Jungs, diese urchristliche, von der Wiederkunftserwartung gespeiste Gewissheit aufs neue zugänglich gemacht zu haben.

Was das heißt und was das praktisch bedeutet, lässt sich daran ermessen, dass die Christenheit auch in Geschichtsabschnitten, die durch dogmatische Festlegungen oder durch orthodoxe Erstarrungen geprägt waren, immer so etwas wie spirituelle, esoterische Unterströmungen aufwies, in denen einzelne oder kleine Gruppen eine besondere Form des religiösen Lebens pflegten: eine meditative Gestalt der Frömmigkeit, eine Aktivierung des Gefühls- und Willenslebens, eine besondere Wertschätzung der religiösen Erfahrung, die auf Erweckung oder auf Bekehrung besonderen Wert legte.

Nicht selten haben solche Bewegungen den engen Zirkel einer »ecclesiola in ecclesia« (eines Kirchleins in der Kirche) durchbrochen und sind zum Ferment für die übrige Christenheit geworden. Man denke nur an die Aufbrüche, die beispielsweise vom Pietismus im 18. und von der Erweckungsbewegung im Europa des 19. Jahrhunderts für die Mission nach innen und nach außen ausgingen. Wenn solche Bewegungen ins Zwielicht gerieten und als unzeitgemäß erschienen sind, so ist das nicht zuletzt auf die Tatsache zurückzuführen, dass sich eine geistliche Bewegung letztlich nicht institutionalisieren oder für spätere Generationen beliebig lange konservieren lässt, um dann auch noch »wiederholt« zu werden. Dergleichen verhält sich zum Ursprunghaften wie die Kopie zum Original, das sich jeglicher »Neuauflage« widersetzt.

Gleichwohl muss zugegeben werden, dass Gnostiker, Mystiker, Theosophen, Pietisten, kurz: Menschen mit eigener religiöser Erfahrung auf eine je individuelle Begegnung mit Gott oder Christus verweisen konnten. Wer einerseits zugibt, dass legitimerweise kein Weg zu den Erfahrungen von einst zurückführt, und wer andererseits nur eine kritische, das heißt auf die Denkfunktion reduzierte Verwirklichung des Christlichen gelten lässt, die allenfalls durch revolutionäre Denk- und Handlungsmodelle angereichert sein mag, der verschließt sich letztlich gegenüber jener Dimension des Religiösen, ohne die das Christentum in seiner Gesamtheit und jeder einzelne geistlich verdorren müssten.

Auf dem Wege einer Seelenführung, die mit dem Wesen der Wandlung vertraut macht und die dem Menschen bei seinem Erleben der Wirklichkeit wie ein Wegführer die nötigen Erkenntnishilfen bietet, erfüllt die Jungsche Psychologie und Therapie eine wichtige Aufgabe. Dabei kann es fürs erste gleichgültig sein, ob dieses Geleit als christlich-religiös bedeutsam angesprochen werden kann oder nicht. Wesentlich ist, dass menschliche Existenz im allgemeinen, christliche Existenz im Besonderen als ein Weg erkannt – man muss sagen: als Weg wiedererkannt – wird. Die Gleichsetzung christlicher Verkündigung, ja selbst die Gleichsetzung des Gottesdienstes (im Protestantismus) mit Predigt und »Sonntagsschule« hat ganz vergessen lassen, dass der Christ nicht nur in moralischer Hinsicht, sondern auch im Hinblick auf die Ausreifung seiner Gesamtpersönlichkeit entwicklungsbedürftig und entwicklungsfähig ist. Die Wiederentdeckung der Meditation als Weg der »Innerung« (Friso Melzer) unterstreicht den hier gemeinten Weg-Charakter des Christenlebens. Sie macht auf ihre Weise mit bestimmten Weg-Erfahrungen bekannt, von denen man immer noch viel zu wenig weiß – trotz der vielen »Meditations« – Angebote innerhalb wie außerhalb der Kirche.

Was die Seelenführung in der Psychotherapie betrifft, so ergibt sie sich in einer doppelten Hinsicht: Das, was sich etwa in der psychotherapeutischen Traumarbeit zeigt, was einem »aufgeht«, wessen man »inne« wird, das soll in freier Entscheidung dem zu lebenden Leben eingefügt werden; es soll buchstäblich »inkarniert« werden. Die Schau ohne die Verwirklichung ist tot, sie bleibt ohne Frucht. Andererseits stellt sich unabweisbar die Frage nach dem Sinn. Es ist die Frage nach letzten und tiefsten Zusammenhängen.

Mit der bloßen Beseitigung von Beschwerden, so hilfreich derlei Heilungserfolge sein werden, oder durch die erzielte Anpassungsfähigkeit des Patienten an die ihm im Alltag zugewiesene Rolle ist die Frage des Menschen noch lange nicht beantwortet. Gustav Richard Heyer gab einmal den diesbezüglichen Hinweis: »Wo es sich um die tieferen Aufgaben innerer Entwicklung, um die eigentliche Sinnfindung, die Hintergründe und höheren Ziele des menschlichen Lebens handelt, also um metaphysisch-religiöse Fragen, ist Jung der bislang unerreichte Meister.«[158]

Freilich, nicht darum kann es uns gehen, einem »Meister« zu huldigen. Man wird Jungs Intentionen wohl am ehesten gerecht, wenn man seine Anregungen am jeweiligen Ort, an dem man selbst steht, fruchtbar macht, indem man die »Symbole der Wandlung« (vgl. Jungs gleichnamiges Werk) zu sich sprechen lässt und auf dem Individuationsweg die nötigen Impulse empfängt.

7. Wo Umkehr nötig ist

Aufklärung von Missverständnissen

Wie und wo auch immer man Jung in der Geschichte des Christentums einordnen mag, entscheidend für uns ist, dass seine Lebensleistung dazu beigetragen hat, auf vergessene Dimensionen religiöser Wirklichkeit hinzuweisen.

Analytische Psychologie im Dienste der Bibelauslegung

»Kann Christus heute überhaupt noch interpretiert werden? Oder muss man sich mit der historischen Deutung begnügen?«[159] Diese – wie er es selbst nennt – »große Frage« ist es, die Jung nicht allein in seinem späten Werk »Antwort auf Hiob« aufgeworfen hat. Jung hatte diese Frage schon viel früher gestellt, auch wenn die therapeutische Aufgabenstellung und die ihr entsprechenden Erkenntnisbemühungen im Vordergrund standen. Letztlich ist seine Psychologie in ihrem ganzen Ausmaß seine individuelle und zugleich allgemein gültige Antwort auf diese stets aktuelle Frage der Christenheit. Was er einmal von der Alchemie gesagt hat, das trifft für ihn selbst zu: Sie gibt uns einen »deutlichen Begriff davon, was Christus in der subjektiven Erfahrung bedeutet und unter was für Hüllen täuschender und erleuchtender Natur seine wirkende Gegenwart in ihrer transzendenten Unerfasslichkeit erlebt wird«.[160] Von daher sah er sich legitimiert, die Analytische Psychologie bzw. die Psychologie des Unbewussten eine »Rezeptionserscheinung des Christus-Logos« in heutiger Zeit zu nennen.

Insoweit die Jungsche Psychologie in den Dienst der Bibelauslegung gestellt werden und für die religiöse Selbsterfahrung fruchtbar gemacht werden kann, hat der Verfasser an anderem

Ort zu diesem Thema Stellung genommen, Möglichkeiten und Grenzen eines solchen Vorgehens aufgezeigt und anhand ausgewählter Abschnitte aus dem Johannesevangelium die Methode einer tiefenpsychologischen Bibelinterpretation erprobt.[161] Im vorstehenden Abschnitt können wir uns daher auf einige grundlegende Gesichtspunkte beschränken. Demnach – dies sei vorweg angemerkt – kann Jungs besorgte Frage voll und uneingeschränkt bejaht werden. Bibelinterpretation ist von seiner Sicht und unter Zuhilfenahme seiner Einsichten nicht nur möglich, sondern sie ist nötig. Von der mutmaßlichen Beschränkung auf eine »historische Deutung« muss jedenfalls so lange nicht die Rede sein, wie das von Jung vermittelte Wissen um die archetypische Bildwelt genutzt wird. Diese Bildwelt ist es, der wir überall dort in den heiligen Schriften begegnen, wo die Fülle und die Tiefe des Seins, die Dimension der Gottesgegenwart und der Christuszukunft bezeugt werden.

Seitdem es eine tiefenpsychologische Forschung und Praxis gibt, wird die Bibel Alten und Neuen Testaments neben anderen Dokumenten der Religions- und Geistesgeschichte herangezogen, um als Beleg, gegebenenfalls als Interpretationshilfe für den Analytiker zu dienen. Das trifft für den Psychotherapeuten im allgemeinen, für den Analytiker Jungscher Prägung im Besonderen zu, und zwar zunächst unabhängig von der weltanschaulich-religiösen Einstellung des betreffenden Therapeuten.

Schon von seinem speziellen Auftrag her versteht es sich, dass der Psychologe mit anderen Augen als der Theologe die Bildgehalte religiöser Überlieferung anschaut und mit anderen Ohren als der Prediger oder Seelsorger den Anspruch des geoffenbarten oder des inspirierten Wortes vernimmt, ganz zu schweigen von der etwaigen glaubensmäßigen Einstellung da und dort. Hier muss die Feststellung genügen, dass in der psychotherapeutischen Praxis Hervorbringungen des Unbewussten (Träume, Gedankenverbindungen, Fantasien und dergleichen) durch gleichgerichtete Bilder angereichert werden.

C. G. Jung spricht dabei von der sogenannten Amplifikation. Diese Anreicherung erfolgt im Rahmen einer synthetischen Behandlung, von der bereits die Rede war. Auf diese Weise wird es möglich, Produktionen des Unbewussten, vor allem rätselhafte Einzelmotive zu erhellen und damit ihre Sinnhaltigkeit zu erschließen. Diese Maßnahme ist schon deshalb nötig, weil Bilder und Symbole des kollektiven, also überindividuellen Unbewussten aus den persönlichen Erfahrungen des Menschen allein nicht verstanden werden können.

Es liegt in der Natur der Sache, dass dieses Verfahren zunächst auf den psychotherapeutischen Sektor beschränkt bleibt, also auf jenen dialogischen Vorgang, der zwischen Analytiker und Analysand abläuft. Und dennoch ist es verwunderlich, dass die Theologie von sich aus den hier liegenden Möglichkeiten für die Bibelauslegung bisher noch wenig Aufmerksamkeit geschenkt hat. Immerhin mehren sich die Ansätze, die auf einen Wandel hinweisen.[162] Von einem Erkenntnisdurchbruch oder von einer allgemeinen Anerkennung dessen, was die Tiefenpsychologie für die Bibelexegese zu leisten vermag, kann jedoch kaum die Rede sein. Das Interesse an der Analytischen Psychologie aber wächst.

Freilich besteht immer noch ein eingestandenes oder auch ein uneingestandenes Misstrauen der Tiefenpsychologie gegenüber, als könne auf diesem Wege das Herzstück der biblischen Botschaft psychologisch überfremdet oder gar verfälscht werden. Dabei geht es Jung letztlich gerade darum, die religiöse Dimension der Psyche bewusst zu machen und die »Rezeption der Christusmacht in der Tiefe der seelischen Gründe« zu fördern. »Es handelt sich hierbei sozusagen um eine Fortsetzung ›des historischen Rezeptionsprozesses‹. Während dieser in Bekenntnissen, Theologien, Christusanschauungen usw. vor uns steht, wird nun aufgedeckt, einerseits, was solche Rezeption an der unbewussten Tiefe der Seele getan hat, andererseits, wie die Tiefe, ständig weiter amplifizierend, ihre Möglichkeiten jener Aufnahme darbietet. Es wird deutlich, wie die ›Assimilation und Integration Christi in die menschliche Seele‹ hinein vor sich gegangen ist oder wie und auf welchem ›Wege Christus zum inneren Erlebnis, zum Christus in uns werde‹ und wird. Ohne diese ›Fleischwerdung‹ in der ›psychischen Matrix‹ bleibt aber alle Christusbegegnung ganz offensichtlich, theologisch gewendet, reine noticia historica (historische Aufzeichnung und Überlieferung), das heißt Kenntnis und Formel, nie aber existenzielle Tiefenerfahrung, gewurzeltes Leben oder schöpferische Seinsmacht.«[163]

Was die Skepsis im Verhältnis von Theologie und Psychologie anlangt, so wäre in unserem Fall auch von der Seite der Tiefenpsychologie her eine Befürchtung denkbar. Sie könnte sich etwa in dem Verdacht äußern, dass die ursprüngliche psychologische und psychotherapeutische Aufgabe mit theologischer Fracht überbelastet würde. Träfe das zu, so läge beide Male eine illegitime Grenzüberschreitung vor. Angesichts dieser und ähnlicher Bedenken stellt sich die Frage, inwiefern Einsichten der Analytischen Psychologie in den Dienst der Bibelauslegung gestellt werden können.

In einer Hinsicht muss diese Frage gewiss verneint werden: Es kann nicht darum gehen, die Gestalten der biblischen Geschichte – gleichsam im Nachhinein – einer Analyse zu unterziehen, als hätten die Männer und Frauen der Bibel um eine moderne psychotherapeutische Behandlung nachgesucht. Und sollte sich der Bibelausleger hin und wieder beim Psychologen psychologischer Gesetzmäßigkeiten wegen Rat holen, um etwa die Reaktions- und Verhaltensweisen historischer Gestalten besser zu verstehen, so kann es sich dabei doch nur um sehr vorläufige Fragestellungen handeln, die allein den Historiker bewegen, deren Beantwortung aber für den Bibelleser wenig austrägt.

Die eigentliche aktuelle Frage besteht eben nicht darin, das Seelenleben der Apostel und Propheten zu beleuchten. Dergleichen wäre allein schon durch die Art der Überlieferung des Evangeliums, des »Lebens Jesu« usw. problematisch. Nicht historische Figuren, sondern wir selbst sind gemeint! Bei der tiefenpsychologischen Interpretation der Bibel kann es folglich nicht darum gehen, die Psychologie um historischer Fragestellungen willen zu bemühen. Es ist uns vielmehr darum zu tun, das Wort des Evangeliums zu uns sprechen zu lassen. In dem Spiegel der bisweilen dunklen Worte suchen wir uns selbst zu sehen.

Mehr noch: Auf dem Weg der Wandlung, die die Evangelisten die »Nachfolge Christi« nennen, gilt es Fortschritte zu machen. »Metanoeite« – ändert euren Sinn! – das ist auch der Ruf, mit dem Jesus seine öffentliche Wirksamkeit beginnt (Markus 1, 15). Und die Tiefenpsychologie kann dem Bibelausleger schon deshalb nicht gleichgültig sein, weil es in der christlichen Botschaft weder um eine nur an den Intellekt gerichtete theologische Lehre noch um die bloße Übernahme äußerer Bekenntnisse geht. »Metánoia« meint vielmehr eine ins Wesensgefüge des Menschen eingreifende Wandlung und Reifung. Niemand wird leugnen wollen, dass Prozess und Resultat dieser Wandlung auch eine psychische Tatsache sind, bei der der psychologisch Erfahrene ein gewichtiges Wort mitzureden hat.

Damit dürfte abermals ein wichtiger Korrespondenzpunkt für den Theologen wie für den Psychologen bezeichnet sein, und zwar insofern, als beide sich nicht auf bloßes Analysieren von anthropologischen Tatbeständen beschränken wollen, sondern beide einen Weg vor sich sehen, der beschritten werden kann und auf dem Menschen Führung und Geleit erwarten dürfen, sei es durch Therapie, sei es durch Seelsorge, sei es durch Menschenführung im weiteren Sinn des Wortes. Von entscheidender Wichtigkeit wird es sein, dass beide von dem Ziel wissen, von dem her dieser zu beschreitende Weg, das menschliche Leben überhaupt, sinnvoll wird. Und wie wir gesehen haben, erfüllt die Analytische Psychologie eine wichtige Voraussetzung, indem sie nicht allein nach früher empfangenen Prägungen oder Erfahrungen der Psyche fragt, sondern auf ein Telos (Ziel, Vollendung) von Mensch und Menschheit hinarbeitet.

Im Blick auf die Korrespondenzpunkte zwischen Theologie und Tiefenpsychologie seien zwei Momente angeführt: Da ist zunächst zu betonen, dass eine tiefenpsychologische Bibelauslegung nicht in der Absicht geschehen kann, die bisher geübten und bewährten Methoden der Bibelforschung überflüssig zu machen. Sie werden vielmehr als unerlässliche Hilfen vorausgesetzt. Es wird daher weiterhin nötig sein, den Philologen, den Religionsgeschichtler und den Literarhistoriker beizuziehen oder bibelhermeneutische Einsichten zu verwerten. Was die Tiefenpsychologie beanspruchen kann, das ist, dass ihr Wissen von der Wirklichkeit der Seele und von der Realität dessen, was in den Symbolen, in der Sprache der Religion und des Mythos, in der imaginativen Sprache aufgehoben ist, ebenso beachtet wird, wie es der heutige Leser der Schrift und Hörer des Wortes nötig hat. Das ist das eine.

Das andere Moment liegt in der Art und Weise des Umgangs mit dem Bibelwort begründet. Diese Weise des Umgangs ergibt sich eigentlich schon aus dem Gesagten. Denn Worte sind dazu da, gehört zu werden. Und Bilder sind dazu da, angeschaut zu werden. Worte und Bilder enthalten eine sinntragende Botschaft. Sie ist Mal um Mal in die Situation hineinzusprechen, und zwar eben nicht nur in die soziale, gesellschaftliche Situation hinein, wie es die situationsbezogene Verkündigung heute ohnehin auf vielfältige Weise versucht.

Jedenfalls erschließt sich diese Botschaft nicht bereits dadurch, dass man sie auf einige theologische »dass«-Sätze reduziert oder in einige gerade gängige polittheologische Parolen ummünzt. Um des Wortes in den Wörtern innezuwerden, ist eine sehr alte, aufs neue zu übende Praxis der Christenheit angezeigt: die Meditation. In unserem Zusammenhang meinen wir die Übung eines hinhörenden und anschauenden Lesens der Bibel. Dabei könnte sich ganz praktisch zeigen, was es heißt, im religiösen Leben die Anima zu realisieren und zu aktivieren. (Wir sprachen davon, als die Erhebung des Weiblichen im Christentum zu erörtern war.)

Die meditative Übung wird bereits eine Metánoia, ein Umdenken, erforderlich machen. Da Meditation vom praktischen Vollzug abhängt, fallen die Entscheidungen nicht auf dem Feld theoretischer Argumentation über die Meditation, sondern auf dem der Eigenerfahrung. Buchstäblich geht es um eine Änderung der Denkgewohnheiten. Denn nicht das, was ich als Bibelleser theologisch zu wissen meine, und nicht was ich über einen Text zu sagen habe, ist maßgeblich, sondern allein, was der jeweilige Bibelabschnitt mir sagt; das heißt, was mir an ihm »aufgeht«.

Und eben dazu ist eine meditative Grundhaltung erforderlich, die auf dem Weg wissenschaftlicher Untersuchung und analysierender Textbetrachtung normalerweise nicht eingenommen wird. Dem Meditierenden geht es ohnehin nicht um einen »Text«. Seine Arbeit liegt wesentlich darin, dass er das literarische Material umschmilzt, indem er auf »das Wort in den Wörtern« (K. Barth) acht hat und indem er sich in den Stand versetzt, anzuschauen, anzuhören, der Anrede standzuhalten und mit dem biblisch-spirituellen Lebensgut zu kommunizieren. Ein Wandlungs- und Kommunikationsvorgang ist die Meditation, von der wir hier sprechen.

Existenziell ausgedrückt: Als betrachtender Bibelleser hätte ich alle meine Aufmerksamkeit darauf zu richten, dass letztlich immer von mir die Rede ist: von meiner Heillosigkeit, von der Blindheit meiner Augen, von der Unfähigkeit, durch bloße im Bewusstsein verankerte Willensentschlüsse ein neuer Mensch zu werden, von meinem Irren und Scheitern. Gleichzeitig aber sollte ich mich auch dafür offen halten, dass mir in den biblischen Wortlauten ein Weg gezeigt wird. Die Erleuchtungskraft des Wortes wird mir zugesprochen nicht als ein »frommer Wunsch«, sondern als eine Wirkung. Aus dieser Begegnung mit dem Wort gehe ich bereichert hervor, sofern ich als ein Erwartender, Hoffender, zum Empfang Bereiter in die Begegnung hineingehe. Hier tritt die erste Seligpreisung Christi von den »geistlich Armen« (Matthäus 5) in Kraft, deren Hände leer genug und offen genug für die charismatische Gabe sind. Und wo ich bisher nur Niedergangserscheinungen oder Abbauprozesse zu sehen vermochte, etwa auch am Beginn und im Laufe der zweiten Lebenshälfte, da gilt es auf diesem Weg die Stationen eines Reifungsprozesses zu durchschreiten.

Eben darauf, dass ich die Worte Christi, das Evangelium in seiner Gesamtheit, als eine unmittelbare Anrede zu erfahren vermag, habe ich zu achten, und darauf, dass die Bilder, die Gleichnisse und Symbole für mein individuelles Schicksal, für meinen sozialen und zwischenmenschlichen Bezug transparent werden können, damit ich der froh machenden Botschaft innezuwerden vermag. Eine äußere Imitation der Lebens- und Leidensstufen Christi, wie sie einst mit- und nacherlebend von mittelalterlichen Mystikern durchschritten worden sind, würde – bei allem Respekt vor den einer solchen Imitatio noch Fähigen – einen geistes- und bewusstseinsgeschichtlichen Anachronismus darstellen. Am inneren Menschen änderte sich dabei nichts Wesentliches. Aber eben darauf käme es an, die Transparenz des biblischen Wortes existenziell zu erfahren.

Eine tiefenpsychologische Schriftauslegung ist deshalb von großer Bedeutung, weil und insofern die Inkarnation Gottes und die Individuation des Menschen aufeinander bezogen gesehen werden können. Christus als das wahre Selbst des zur Selbstwerdung bereiten Menschen lässt durch sein Leben, Sterben und Auferstehen den daran teilhaben, der sein eigenes Kreuz auf sich nimmt und ihm nachfolgt.

»Das menschliche und das göttliche Leiden bilden zusammen eine Komplementarität mit kompensierendem Effekt: Durch das Symbol kann der Mensch die wirkliche Bedeutung seines Leidens erkennen: Er ist auf dem Wege zur Verwirklichung seiner Ganzheit [...] Das Drama des archetypischen Christuslebens beschreibt in symbolischen Bildern die Ereignisse im bewussten und im bewusstseinstranszendenten Leben des Menschen, der von seinem höheren Schicksal gewandelt wird.«[164]

Die Bibelinterpretation, von der wir sprechen, kann sich daher nicht auf den bloßen Aufweis von theologischen Bedeutsamkeiten beschränken. Das hieße allein das bewusste Leben des Menschen ansprechen. Christus tritt auch im Nachtbereich der Seele an den Menschen heran. In diesem Bereich lässt er sich von Nikodemus ebenso finden wie von seinen Jüngern, die sich mit dieser Existenzform ihres Herrn erst vertraut machen müssen; wir denken an Christi Wandeln auf dem See oder an die Erscheinung des Auferstandenen am See.

Versuchen wir eine zusammenfassende Antwort auf die Frage, welche Aufgabe die Bibelauslegung erfüllen sollte, dann ist das unter zwei Gesichtspunkten möglich: Einmal ginge es darum, einen neuen Zugang zu der für viele Menschen abgerissenen geistig-religiösen Tradition zu gewinnen und so die Kontinuität zu vertiefen, in der wir dank der Bibel stehen, ob als Christen oder doch als Menschen, die sich der geschichtlichen Prägekraft des biblischen Wortes innerhalb unserer kulturellen Überlieferung bewusst sind. Zum anderen kommt dem hier gemeinten Bibelverständnis eine eminent gegenwärtige und zukünftige Bedeutung zu, insoweit es uns gelingt, in den Worten, Gleichnisbildern und Symbolen uns selbst zu sehen als Menschen, die einen Weg der Wandlung beschreiten, jenen Weg also, den das Evangelium als den Weg Christi beschreibt und den C. G. Jung als den Individuationsprozess nachgezeichnet hat.

Diese beiden Gesichtspunkte, der mehr retrospektive und der bewusst prospektive, auf den Reifungsprozess gerichtete, korrespondieren mit der tiefenpsychologisch-psychotherapeutischen Arbeit ihrem ursprünglichen Ansatz nach. Hier wie dort sehen wir – im Licht des Menschgewordenen, den wir den Christus nennen – den wahren Menschen vor uns. Es gilt,dass wir uns in ihm erkennen, dass wir in ihm heil werden. Wir sind ein Entwurf der Schöpfung auf Christus hin. Wir sehen unser Bild in seinem Urbild.

Wir suchen uns selbst zu erkennen und zu verwirklichen, um dieser Erkenntnis gemäß als einzelner und als Glied in der Gemeinschaft zu leben.

Zur Wiedergewinnung des Gnosis-Prinzips

Eine der kritischen Anmerkungen, die der Jungschen Psychologie entgegengebracht worden ist, besagt, C. G. Jung sei eigentlich ein »moderner Gnostiker«. Durch ihn dringe teils christlich-häretisches, teils außerchristlich-heidnisches Gedankengut ins Christentum ein. Mithin leiste der Begründer der Analytischen Psychologie einer Weltanschauung Vorschub, die einst im zweiten und dritten Jahrhundert die frühe Christenheit von innen wie von außen bedroht habe.[165]

Hinter derartigen Urteilen und Befürchtungen verbirgt sich ein leidenschaftlicher Affekt gegen die Gnosis im Christentum und damit gegen das Erkenntnisprinzip überhaupt. Hier ist nicht der Ort, zu untersuchen, welches die Motive zu den ungezählten Ketzerkreuzzügen im Laufe der Kirchengeschichte im einzelnen gewesen sein mögen und noch sind. Zu beobachten ist aber, dass die institutionelle Kirche schon von ihrer Struktur her eine unverkennbare Aversion gegen all das entwickelt zu haben scheint, was mit den vereinbarten Lehr –, Glaubens- und Sittennormen nicht in Einklang zu bringen ist. Was durch ein formuliertes Symbol (Glaubensbekenntnis) der Kirche nicht erfasst wird, ja was in offensichtlichen Widerspruch zu ihm tritt, das verfällt seit je der energischen Missbilligung durch Kirchenleitungen und Konzilien aller Art. Lediglich die Formen, mit denen diese Missbilligung artikuliert wird, wandeln sich. Sie sind dem jeweiligen Zeitgeist angepasst. Im Grundsätzlichen aber herrscht Übereinkunft hinsichtlich der Ablehnung dessen, was einmal als »Irrlehre« gebrandmarkt worden ist.

Von der Jungschen Psychologie her lässt sich die Häresie im allgemeinen, die Gnosis im Besonderen als ein kompensatorisches Phänomen zur jeweiligen offiziellen Kirche ansehen. Was in der individuellen Psyche sich als der Schatten zu erkennen gibt, als der »dunkle Bruder« mit den negativen, nicht eingestandenen Persönlichkeitsanteilen, das findet sich im Großen, also auch in der häretischen Gnosis der Kirche, als Analogie. Wo es nicht gelingt, den Schatten als das zu durchschauen, was er eigentlich ist, nämlich als zur jeweiligen Person gehörig, die den »Schatten wirft«, da liegt eine gefährliche Selbstüberschätzung vor. Und wo der Versuch unterlassen wird, die schattenhaften Faktoren zu integrieren, da kommt es zu jenen gewaltsamen Auseinandersetzungen, die wir in der allgemeinen Sozialgeschichte als das so genannte Minderheitenproblem kennen. Minderheiten aller Art werden zu Projektionsfiguren; einmal sind es die Juden, die Neger, die ethisch oder sexuell Andersartigen usw. Auf sie pflegt die Mehrheit einer Gesellschaft die Negativseiten der eigenen Kollektivpsyche zu projizieren, ein Vorgang, der, wie wir gesehen haben, großenteils unbewusst erfolgt; denn die jeweiligen Wortführer der Mehrheit wollen das Volk glauben machen, es handle sich um hohe Werte, wenn »rassische Reinheit«, moralische »Sauberkeit« und dergleichen angestrebt werde. Der Appell zur Ausmerzung (»Endlösung«!) der missliebigen Elemente pflegt sich jeweils an das »gesunde Volksempfinden« zu richten und kann erfahrungsgemäß mit entsprechender Zustimmung rechnen.

Derartige Projektionsvorgänge lassen sich in der Kirchengeschichte wie in der allgemeinen Religionsgeschichte anhand ungezählter Beispiele nachweisen. So betrachtet ist die christliche Kirchengeschichte über weite Strecken eine Geschichte der Ketzerverfolgung. Letztlich liegt hier dieselbe psychologische Gesetzmäßigkeit zu Grunde: Das, was Ketzer, Gnostiker, religiöse Außenseiter aller Art vertreten, wird als angeblich illegitim und nicht zum Wesen des Christlichen gehörig empfunden; jedenfalls versucht man sich der Problematik, die eine intensive Auseinandersetzung und Klärung erforderte, durch lehramtliche Verurteilung zu entledigen. Die Kirche erweist sich Mal um Mal als »siegreich«.

Doch selbst radikal scheinende Methoden der Ketzerbekämpfung sind offenbar nie radikal genug. Immer wieder tauchen von Zeit zu Zeit ähnliche Motive auf. »Denn immer wieder ist im Laufe der Jahrhunderte die Gnosis als Protest der unterdrückten

Seele gegen die jeweilige Einseitigkeit des Christentums geboren«, schreibt der holländische Gnosis-Forscher Gilles Quispel. »Darum zeigt sie auch immer wieder neue Züge und ist im Stande, sich fortwährend zu verwandeln. Als Weltreligion an und für sich ist sie zu allen Zeiten dieselbe, in ihrer Bezogenheit auf das Christentum ist sie immer wieder anders, Dualismus, Monismus, Okkultismus, Philosophie, Psychologie und so weiter. So hat sie auch das offizielle Christentum immer wieder vor eine neue Frage gestellt; sie war eine ständige Herausforderung, die eine Antwort forderte. Dass diese Antwort immer befriedigend war, wird keiner behaupten ...«[166]

Fragt man weiter, warum wohl die »Antwort« der Kirche auf die Herausforderung der Gnosis oder des Gnostizismus aufs ganze gesehen stets unbefriedigend ausgefallen ist, dann wird man sagen müssen: Solange der eigene Schattenwurf als etwas Fremdes, nicht zur eigenen Person Gehöriges negiert oder bekämpft wird, so lange – biblisch gesprochen – nur der Splitter im Auge des Nächsten, nicht aber der Balken im eigenen Auge gesehen wird, so lange liegt eine gefährliche Selbsttäuschung vor. Die Wirklichkeit dessen, der man selbst ist, wird verfehlt. Dabei »bedarf die lebende Gestalt tiefer Schatten, um plastisch zu erscheinen. Ohne den Schatten bleibt sie ein flächenhaftes Trugbild.«[167]

Damit ist zumindest andeutungsweise zum Ausdruck gebracht, welche Hilfe die Analytische Psychologie der heutigen Christenheit bietet. Sie macht auf jenen Tatbestand aufmerksam, wonach der einzelne wie die Gemeinschaft auch und gerade auf dem religiösen Feld zur Projektion all dessen neigen, was in der eigenen Wesenstiefe begründet liegt. Diese wie auch immer gearteten Minderwertigkeiten der eigenen Person wollen jedoch nicht auf einen »Sündenbock« projiziert und dann »in die Wüste geschickt« werden, sondern sie verdienen ihres verborgenen Wertes wegen »angenommen« und wie ein Kreuz »getragen« zu werden. Der alttestamentliche Ritus mit dem Sündenbock und die neutestamentliche Botschaft vom Kreuz Christi, das jeder einzelne – und zwar in individueller Weise – auf sich nehmen soll, erscheinen dabei in einem neuen Licht!

Jung hat nun darauf aufmerksam gemacht, dass die Begegnung mit dem Schatten mit dem Prozess der Bewusstmachung des Funktions- und Einstellungstypus zusammenfalle, zu dem man selbst gehört. Die »dunkle Seite« sei dann je eine der vier Funktionstypen (Denken, Fühlen, Empfinden und Intuieren), die im Gegensatz zu der bewusst gehandhabten Funktion geblieben ist.[168]

Auf die Christenheit übertragen, stellt die Gnosis eine derart unentwickelte, im Schattenbereich verbliebene »Funktion« dar. Sie darf nicht länger unterdrückt oder vernachlässigt werden. Vor allem darf man nicht meinen, Gnosis trete bereits in dem Moment in Aktion, in dem man die rationale Analyse und das kritische Bewusstsein auf alle Bereiche des religiösen Lebens anwendet. Gemeint ist jene Gnosis, die im Sinne des Neuen Testaments »Leben« verbürgt. Das Johannesevangelium stellt dieses Gnosis-Prinzip vornean, wenn Christus im hohepriesterlichen Gebet (Johannes 17) sagt: »Das ist aber das ewige Leben, dass sie dich, der du allein wahrer Gott bist, und den du gesandt hast, Jesum Christum, erkennen.«

Und in der Auseinandersetzung mit den Pharisäern und Schriftgelehrten legt Jesus seinen Gegnern zur Last, dass sie den Schlüssel der Erkenntnis (Gnosis) genommen hätten. Er sagt das den geistlich-theologischen Führern seines Volkes, die von sich selbst überzeugt sind, die legitimierten Hüter der Gotteserkenntnis zu sein, während sie doch für das Christusereignis, das vor ihren Augen stattfindet, blind sind. So ist Gnosis als ein neutestamentliches Grundwort nicht einfach mit schulmäßiger philosophischer oder theologischer Bildung zu verwechseln. Andererseits ist ein wichtiger Unterschied zwischen dieser Gnosis und dem Gnostizismus zu machen, ein Unterschied, auf den an anderer Stelle bereits eingegangen wurde.[169]

Gnosis, Erkenntnis, ist in Übereinstimmung mit dem Neuen Testament und mit den großen spirituellen Führergestalten der

Christenheit ein unaufgebbarer Faktor des christlichen Glaubens. Der Gnostizismus, wie man jene Weltanschauungssysteme des 2. Jahrhunderts nennen sollte, ist unter anderem durch eine Verkennung der Inkarnation Christi, durch einen die Materie und die physische Leiblichkeit verneinenden Dualismus sowie durch eine entsprechend einseitige Ethik (teils durch asketischen Rigorismus, teils durch zügellosen Libertinismus) gekennzeichnet.

Mit der Ablehnung dieses häretischen Gnostizismus darf jedoch keinesfalls das Gnosis-Prinzip der Christenheit in Misskredit gebracht werden, wie es immer wieder geschehen ist. Denn ohne die Erkenntnisfunktion, das heißt ohne die Fähigkeit zur ursprünglichen religiösen Eigenerfahrung zu gelangen, ist christlicher Glaube nicht voll entwickelt, sondern ein kümmerliches Schrumpfprodukt.

Zu der verfassten Kirche mit ihrem abgeschlossenen Bibelkanon, ihrem formulierten Dogma und dem autonomen Leitungsamt steht der Glaube der wahrhaften Gnostiker in einem deutlichen Spannungsverhältnis. Der Gnostiker, der Gestalten wie Paulus und Johannes, Clemens von Alexandrien und Origenes, Joachim von Fiore, Jakob Böhme und manche andere zu seinen Gewährsleuten erkoren hat, rechnet, in einer anderen Weise als in der Amtskirche üblich, mit der fortschreitenden Wirksamkeit des Heiligen Geistes, der sich eben nicht ausschließlich an das kirchliche Amt und seine »verordneten Diener« (Amtsträger) binden lässt. »Der schöpferische Mystiker – und Gnostiker – war von jeher das Kreuz der Kirche. Aber diesen Leuten verdankt die Menschheit ihr Bestes.«[170] – Was hindert uns eigentlich, die Vertreter einer für die Dimension des Spirituellen offenen Psychologie von dieser Dankesverpflichtung auszunehmen? Ist, so betrachtet, nicht C. G. Jung selbst einer der wichtigen Repräsentanten einer geistoffenen Kirche in unserer Zeit?

Nach dem bisher Gesagten verdient Jung – in einem anderen Sinne, als ihm dessen ablehnende Kritiker zu bescheinigen versuchten! – die Bezeichnung eines Gnostikers. Der schon zitierte

G. Quispel kommt zu dem Schluss: »Die wichtigste Gnosis unseres Jahrhunderts ist aber die komplexe Psychologie C. G. Jungs. Diese legt wissenschaftliche Entdeckungen und Beobachtungen vor, deren Wert keiner leugnen kann. Dass aber hinter dieser Psychologie ein Typus gnostischer Einstellung steckt, ist ein Geheimnis, das wohl den wenigsten verborgen blieb.«[171]

Wie und wo auch immer man Jung in der Geschichte des Christentums einordnen mag, entscheidend für uns ist, dass seine Lebensleistung dazu beigetragen hat, auf vergessene Dimensionen religiöser Wirklichkeit hinzuweisen. Die Gnosis des Christentums und die Erkenntnisfunktion des Glaubens ist derartiger Erinnerungen wert. Man wird sich freilich davor hüten müssen, in der Art der »Rechtgläubigen« von einst zu verfahren, indem man den theologischen Konfessionalismus und Dogmatismus durch einen psychologischen ersetzt.

Kosmologische Bezüge und die eine Wirklichkeit

Zu den Missverständnissen, die oft an die Jungsche Psychologie herangetragen werden, gehört auch die irrtümliche Meinung, als Psychologe lasse Jung lediglich die psychische Wirklichkeit gelten, zumal jede Art der Wirklichkeitserkenntnis ein psychisches Subjekt voraussetzt, das, die Objektwelt wahrnehmend, erkennend ins Bewusstsein zu heben vermag.

Träfe diese Unterstellung zu – und es sei gar nicht geleugnet, dass Jung bisweilen derartigen Missverständnissen Vorschub geleistet hat –, dann läge ein ähnlicher Weltverlust vor, wie wir ihn bei manchen christlichen Frömmigkeitshaltungen finden. Und zwar ist das dort der Fall, wo Frömmigkeit einzig und allein auf die Innenerfahrung zurückgeführt wird, auf die Innerlichkeit religiösen Erlebens. Das Seelenheil des einzelnen steht im Mittelpunkt; es werden allenfalls noch ökumenische Perspektiven bejaht, doch der universelle Anspruch Christi, der diesen Kosmos in seiner Totalität »geliebt hat« (Johannes 3, 16), wird nicht mehr ernst genommen. Dafür ist das Wort vom »Heilsindividualismus« geprägt worden.

Dergleichen kann bestimmten mystischen und pietistischen Ausgestaltungen des kirchlichen Christentums vorgeworfen werden, während andere, etwa die an Jakob Böhme und die an den großen schwäbischen Theosophen Friedrich Christoph Oetinger anknüpfenden Pietisten oder auch die Schüler Rudolf Steiners oder Teilhard de Chardins schon vom Ansatz her den kosmischen Bezug zur Geltung bringen. Nicht erst der Heilige von heute wird daran erkannt, dass er die Erde lieb hat und das Leben ehrfürchtig bejaht.

Die Christusbotschaft kommt überhaupt erst dort zu ihrem Ziel, wo die ganze Schöpfung in den Heilsprozess einbezogen wird. Obwohl das Geheimnis der Inkarnation des Christus in Jesus von Nazareth Jahr für Jahr gefeiert wird und obwohl die Mitte des christlichen Gottesdienstes, das Mysterium des Leibes Christi, im Symbolon von Brot und Wein unablässig zelebriert wird, scheint diese die Leibhaftigkeit des Irdischen ergreifende Christustatsache von der heutigen Christenheit noch gar nicht be- und ergriffen worden zu sein.

C. G. Jung würde dieser Christenheit Substanzielles vorenthalten haben, wenn in seinem Lehrzusammenhang der Bereich der Materie und des Kosmos unberücksichtigt geblieben wäre. Doch gerade auch dieser – nennen wir ihn: den chymisch-kosmischen Aspekt[172] des Christentums – nimmt in seinem Denken einen wichtigen Platz ein, und zwar je mehr sich der Betrachter dem mittleren und dem späten Werk des Schweizer Tiefenpsychologen zuwendet.

Jung schildert in den autobiografischen Aufzeichnungen, wie er zu einem bestimmten Zeitpunkt seiner tiefenpsychologischen Theoriebildung – um das Jahr 1920[173] – nach brauchbaren historischen »Präfigurationen« Ausschau gehalten habe, also nach geschichtlichen Belegen, mit denen er seine eigenen inneren Erfahrungen vergleichen und seine psychologischen Voraussetzungen überprüfen konnte. »Wenn ein solcher Nachweis nicht gelungen wäre, hätte ich meine Gedanken nie zu bestätigen vermocht«, betont Jung in diesem Zusammenhang. Und er berichtet, wie er bei seiner Suche auf den Gnostizismus des 2. Jahrhunderts gestoßen sei, wie er aber auch die Beobachtung habe machen müssen, dass diese frühchristlich-häretische Geistesströmung sich als nicht geeignet erwies, um als ein Vergleichsmuster für die psychologische Empirie herangezogen zu werden. Was Jung gesucht habe, das sei ihm dann in der Gestalt der mittelalterlichen Alchemie begegnet. Und es ist bekannt, welche ertragreichen Forschungsbeiträge er auf diesem sehr speziellen Gebiet der Religions- und Geistesgeschichte sowie der alchemistischen Symbolkunde geleistet hat. Selbst seine schonungslosen Kritiker müssen ihm dies zubilligen.[174]

Wer nun den Gnostizismus hinsichtlich seiner Einstellung zur Christusverkörperung und zum Kosmos kennt, der wird zu der Überzeugung gelangen, dass nicht allein die zeitliche Distanz, auch nicht die Probleme der oft schwierigen Quellenlage zu Jungs Abkehr von der Beschäftigung mit der gnostischen Bildwelt geführt haben mögen. Der radikale gnostische Dualismus trennt die Welt der angeblich finsteren, bösen Materie von den lichten Sphären des Geistes und des Guten. Die in die irdische Verkörperung »gefallene« Seele (Sophia) müsse sich ihrer Heimat im Licht erinnern und dank der Hilfe des gnostischen Erlösers »den heiligen Weg, der Gnosis heißt« (Naassener-Hymnus), beschreiten, um zu ihrem geistigen Ursprung zurückzufinden. Das Ethos des Gnostikers kann dabei – wie schon erwähnt – sowohl durch rigorose Askese als auch durch zügellosen Libertinismus gekennzeichnet sein. Beide Male werde die Schöpfung des »bösen« Demiurgen (Weltschöpfers) geschädigt; es werde Böses vernichtet.

Man kann sagen: Die Abwendung von der gnostischen Ideenwelt entsprach – wie immer diese Abkehr für Jung motiviert gewesen sein mag – durchaus einer tiefer angelegten Grundhaltung. Diese Grundhaltung ist im Alten Testament, in der jüdischen Mystik, aber auch im vorhellenistischen Christentum tief verankert. Und wichtige Vertreter einer christlichen Esoterik waren vor allem die Alchemisten. So gesehen wäre es auch gerechtfertigt, sie als beredte Anwälte eines weltbejahenden Christentums zu betrachten, die nicht selten das Odium von Ketzern auf sich nehmen mussten, weil sie sich nicht die Lehrmeinungen einer dualistisch-materieverneinenden Theologie zu eigen machten.[175]

Während nun die dualistische Position des Gnostizismus letztlich eine Aufhebung des materiellen Seins (Doketismus) verlangt, kommt es in der Alchemie zur Gegensatzvereinigung. In ihr, der »chymischen Hochzeit«, ist das eigentliche Ziel des zu vollbringenden Werks zu erblicken. Die Gegensätze, mit denen es der Alchemist zu tun hat, sind polarer Natur und daher aufeinander bezogen. In ihnen manifestieren sich Spannungen, die sich wechselseitig bedingen und die schließlich in einer größeren Einheit sich zu verbinden streben. Deshalb auch Jungs Interesse an Jakob Böhmes Gottesbild, in dem Licht und Dunkel, das »Zorn-Feuer« Gottes des Vaters und das sänftigende »Liebe-Licht« des Sohnes miteinander korrespondieren.

Indem nun Jung in seinen Arbeiten zur »Psychologie und Alchemie« den Nachweis für die Entsprechung naturgesetzlich-welthafter und innerseelischer Abläufe erbringt, verweist er auf die enge Zusammengehörigkeit von Kosmos und Psyche. Dem Christen ist demnach mit großer Eindringlichkeit gesagt, dass die Kategorie der Ich-Du-Beziehung und des personalen Gegenüberseins von Gott und Mensch nicht ausreicht, um die Universalität Christi symbolisch auszudrücken, so wichtig der personalistische Aspekt in der christlichen Lehre von Gott auch sein mag. Er wird der Fülle Christi ebenso wenig gerecht wie eine Religiosität, die sich auf die Pflege einer frommen Innerlichkeit und auf den kleinen Kreis spirituell Gleichgesinnter zurückzieht und damit den Weltanspruch Christi vernachlässigt.

Der in der Ich-Du-Beziehung vor Gott Stehende muss sich bewusst sein, dass er für diese Erde verantwortlich ist. Denn »wir sind auf einer großen Mission – zur Bildung der Erde sind wir berufen« (Novalis). Und wenn in den letzten Jahren das Bewusstsein der Verantwortung für die Erde als Organismus, für die Sauberhaltung der Umwelt, für eine gesunde Ernährung und für entsprechende Therapieweisen zugenommen hat, so ist das in erster Linie auf ein jähes Erschrecken vor den drohenden Möglichkeiten der Selbst- und der Weltvernichtung zurückzuführen.

Jedenfalls wird man nicht sagen können, dass die Christenheit in ihrer Gesamtheit wesentlich dazu beigetragen hätte, das allgemeine Bewusstsein im Blick auf diese Verantwortung für die materielle Grundlage des irdischen Seins prägend beeinflusst zu haben. Wir müssen uns nicht nur ein moralisches Versagen hinsichtlich der allzu rasch vorwärts stürmenden naturwissenschaftlich-technischen Zivilisation eingestehen.

Das neuzeitliche Christentum ist auch das Opfer einer Geist- und Materievergessenheit geworden. Universalistische Theologen waren meist dazu verurteilt, ein Außenseiterdasein zu fristen. Dabei kommt es gerade auf das harmonische Zusammenspiel der sichtbaren und der unsichtbaren Welt, auf das Ineinander von Geist und Materie an. Denn: »So man will von Gott reden, was Gott sei, so muss man fleißig erwägen die Kräfte in der Natur, dazu die ganze Schöpfung. Himmel und Erden, sowohl Sternen und Elementen, und die Kreaturen, so aus denselben sind herkommen, sowohl auch die heiligen Engel, Teufel und Menschen, auch Himmel und Hölle [...]«[176]

Dieser Satz, mit dem Jakob Böhme sein erstaunliches Erstlingswerk »Aurora oder die Morgenröte im Aufgang« (1612) einleitet, drückt nicht nur die Programmatik des Görlitzer Theosophen aus. Dieser Satz könnte seiner Substanz nach ein zentrales Hauptstück christlicher Theologie überhaupt markieren. Dass Böhme und die ihm geistig Verwandten sich nicht scheuen, durch Aufnahme der Gegensatzproblematik an den Fundamenten der kirchlichen Dogmatik zu rühren, ist nicht zu übersehen.

Es darf auf der anderen Seite auch nicht verwundern, wenn die von der Schultheologie verworfenen Bausteine Böhmeschen

Denkens auf dem Wege über Oetinger und Schelling, vor allem aber über Hegel von den Vätern des dialektischen Materialismus aufgenommen und dann unter atheistisch-materialistischem Vorzeichen ideologisch verarbeitet worden sind.

Und nicht erst Ernst Bloch, der auf seine charakteristische Weise das Christentum als marxistischer Philosoph zu beerben wusste, hat Jakob Böhme in seinen Werken mannigfache Denksteine gesetzt,[177] auch in den marxistischen Grundschriften finden sich bereits entsprechende Belege für eine – freilich einseitige – Böhme-Rezeption.[178] So fehlt es nicht an Hinweisen, wonach der Marxismus Böhme als einen Denker schätzt, der in seinem aus der geistigen Schau hervorgegangenen Werk (angeblich) materialistische Ansätze vertritt, indem er den Widerspruch als erste Bewegungsursache geahnt hat.

Kehren wir zu C. G. Jung zurück und zu seiner hohen Einschätzung der mit der Substanzverwandlung der Materie beschäftigten Alchemisten, so trifft es zwar zu, dass er, der Psychologe, im Tun der Alchemisten psychische Projektionsvorgänge wahrnahm. Was diese mittelalterlichen Forscher am Umgang mit dem Stoff ihrer Experimente erlebt haben, hing nicht selten mit den in die Materie projizierten Inhalten des Unbewussten zusammen.

Jung blieb bei dieser seiner Feststellung jedoch nicht stehen. Jedenfalls kann der Verdacht, er »psychologisiere« materielle Vorgänge und deren Manifestationen, nicht erhoben werden. Schon in seinem grundlegenden Werk »Psychologie und Alchemie« räumt Jung ein, dass die Beschäftigung der alchimistischen Adepten »als eine seriöse Bemühung« angesehen werden müsse, in das Wesen der chemischen Wandlungen einzudringen; »zugleich aber war sie auch – und dies in oft überwiegendem Maße – die Abbildung eines parallel laufenden psychischen Prozesses, der um so leichter in die unbekannte Chemie des Stoffes projiziert werden konnte, als jener Prozess ein unbewusster Naturvorgang ist, genau wie die geheimnisvolle Veränderung des Stoffes«.[179]

Gewiss war Jung von seinem psychologischen Ausgangspunkt und von seinem psychotherapeutischen Auftrag her viel mehr an der Seele und ihren Erfahrungsmöglichkeiten interessiert als an den chemischen Prozessen. Als empirisch Forschendem aber war ihm auch nicht entgangen, dass das Laborieren, Meditieren und Imaginieren der Alchemisten an die Dimensionen eines Weltverständnisses heranreichte, das durch eine nur-psychologische Deutung ebenso wenig zu erreichen ist wie durch eine nur-naturwissenschaftliche oder gar materialistische Interpretation. Selbst den Terminus dafür, nämlich für eine aus Geist und Stoff, Psyche und Materie übergreifende Einheitswirklichkeit, fand Jung bei den spätmittelalterlichen Meistern. Es ist der von dem Arzt Gerhard Dorn (Dorneus) verwendete Ausdruck »Unus mundus« für die eine, die geeinte Welt.

Die Psyche ließe sich demnach als die eine, die Materie als die andere »Seite« ein und derselben Wirklichkeit begreifen. An die Stelle mancher innertheologischen Disputation über die Wesensbestimmung von Wirklichkeit hätte künftig stärker als bisher ein Dialog zwischen den Disziplinen zu treten. Dabei könnte das da und dort in Gang gekommene Gespräch zwischen Theologie und Tiefenpsychologie bereits von dem Dialog profitieren, der zwischen Tiefenpsychologie und Physik begonnen hat.

Jung selbst hat zusammen mit Wolfgang Pauli einen Anstoß dazu gegeben, als beide je von ihrem Forschungsfeld her die zwischen Bewusstsein und Unbewusstem sich zeigenden synchronistischen Phänomene untersuchten. Gemeint sind solche kausal nicht mehr zu erfassenden, »zufälligen« Ereignisse, bei denen sich der gleiche Sinn sowohl in der Psyche als auch in äußeren Vorgängen offenbart.

Auf den »Unus mundus« verweisen die von Jung und Pauli beschriebenen Synchronizitätsphänomene insofern, als sie einen bewusstseinstranszendenten Einheitsaspekt der Wirklichkeit nahelegen.[180] Der Psychologe und der Physiker haben damit einen Dialog eröffnet, der eine dialogfähige christliche Theologie ermuntern müsste, sich daran konstruktiv zu beteiligen. Jedenfalls könnte von dem gegebenen Beispiel ein Impuls ausgehen, aufs neue nach dem Christus Pantokrator zu fragen, dem »alle Gewalt gegeben ist im Himmel und auf Erden«.

Ausblicke in die Zukunft des Christentums

Auf ihrem Weg zur Schwelle des dritten Jahrtausends nach der Christuserscheinung ist die Christenheit mit Problemen beschäftigt, die sie zwar zu jeder Zeit ihrer Geschichte zu bewältigen hatte, die aber jetzt in einer besonders verstärkten Form an sie herantreten: Einerseits wird eine neue Verhältnisbestimmung der christlichen Kirche zur Welt verlangt; andererseits – und hier liegt wohl die zentrale Aufgabe – ist die Christenheit aufgefordert, ihre Identität aufs neue zu gewinnen, das heißt sie für sich im Blick auf die Gesamtmenschheit zu realisieren.

Sendung in die Welt, in alle Lebensbereiche, in alle kulturellen und gesellschaftlichen Ordnungen hinein kann nicht Angleichung bis zur völligen Selbstaufgabe bedeuten, bei der der Gesandte vergisst, dass er eine weltverwandelnde Botschaft zu übermitteln hat, eine Botschaft, die trotz allen Widerstandes letztlich doch ersehnt und erwartet wird! Gerade von der Psychotherapie her lässt sich einsehen, welche Funktion der instinktive »Widerstand« dem Therapeuten und dem zu durchlaufenden Prozess gegenüber erfüllen soll. Im Grunde ist der Widerstand ein wichtiges Indiz für die Bedürftigkeit dessen, was die Christenheit als »Therapie der Menschheit« anzubieten hat. Ob sich diese Therapeuten auch immer bewusst sind, dass sie dieses Pharmakon individuationis selbst bedürfen, dringender vielleicht noch als diejenigen, zu denen sie gesandt sind?!

In einer seiner letzten Arbeiten, 1957 in den Schweizer Monatsheften veröffentlicht, schreibt Jung: »Wie zu Beginn des christlichen Äons, so stellt sich auch heute wieder das Problem der allgemeinen moralischen Rückständigkeit, welche sich der modernen, wissenschaftlichen, technischen und sozialen Entwicklung als nicht adäquat erweist. Zuviel steht auf dem Spiel und zu viel hängt heute offensichtlich von der psychologischen Beschaffenheit des Menschen ab. Ist er der Versuchung, sich seiner Macht zur Inszenierung des Weltunterganges zu bedienen, gewachsen? Ist er sich bewusst, auf was für einem Wege er sich befindet und welches die Schlussfolgerungen sind, die er aus der Weltlage und aus seiner eigenen seelischen Situation ziehen müsste? Weiß er, dass er den lebenserhaltenden Mythus vom inneren Menschen, den das Christentum für ihn aufbewahrt hat, im Begriffe ist zu verlieren? Vergegenwärtigt er sich, was auf ihn wartet, wenn diese Katastrophe eintreten sollte? Kann er sich überhaupt vorstellen, dass dies eine Katastrophe bedeuten würde? Und weiß schließlich der einzelne, dass er das Zünglein an der Waage ist? [...] Es sei darum einem Arzte, der während eines langen Lebens sich mit den Ursachen und den Folgen seelischer Störungen beschäftigt hat, gestattet, zu den Fragen, welche die gegenwärtige Weltlage aufwirft, in aller Bescheidenheit, die ihm als einem einzelnen auferlegt ist, seine Meinung zu äußern. Ich bin zwar weder von einem allzu großen Optimismus angespornt noch von hohen Idealen begeistert, sondern bloß bekümmert um das Schicksal, das Wohl und Wehe des einzelnen Menschen, jener infinitesimalen Einheit, von der eine Welt abhängt, jenes individuellen Wesens, in dem – wenn wir den Sinn der christlichen Botschaft richtig vernehmen – sogar Gott sein Ziel sucht.«[181]

Es ist bekannt, was auch in diesem Votum deutlich wird, dass Jung in den letzten Lebensjahren mit großer Sorge in die Menschheitszukunft hineinblickte. Er war Zeuge der Entfesselung der Atomenergie geworden. Eine eher noch verheerendere Wirkung maß er der Übermacht der Ideologien und der Wahnvorstellungen aller Art bei, der die Massenpsyche nahezu schutzlos preisgegeben ist.

Angesichts der Kenntnis dieser Tatbestände ist es auf den ersten Blick um so erstaunlicher, welche großen Hoffnungen der Psychologe auf das Christentum der Zukunft gesetzt hat. Berücksichtigt man Jungs Ansatz und seine hohe Einschätzung der Christuswirklichkeit, dann erweist sich diese Zuversicht freilich als folgerichtig und in der Sache selbst begründet.

Als Psychologe sieht Jung vor sich den Individuationsprozess, der dem Einzelnen, der aber auch der Menschheit in ihrer Gesamtheit bevorsteht. Auf der anderen Seite hält er sich vor Augen, dass das zentrale Symbol der Christenheit in der Menschwerdung des Gottes- und Menschensohnes eine geschichtliche Gestalt gewonnen hat, die eine übergeschichtliche Dimension umschließt. Diese kann zu jeder Zeit und an jedem Ort zu einer Erfahrungstatsache werden. »Damit fällt der Selbstwerdung des Menschen eine Bedeutung zu, deren Tragweite wohl noch kaum richtig eingeschätzt worden ist. Zu vieles Äußere aber versperrt der unmittelbaren inneren Erfahrung den Weg.«[182]

Jene weltweite, heute das allgemeine Bewusstsein beherrschende Extraversion, von der wir eingangs sprachen, hat auch die Kirchen erfasst und zu einem Aktionismus veranlasst, durch den »das Eine, das Not tut«, abgewertet wurde. Und es gehört wohl zur Tragik der eingetretenen Entwicklung, dass sich bisweilen solche Zeitgenossen zum Anwalt des »notwendigen Einen« machen, die im Grunde doch lieber zurück als vorwärts blicken. Und wenn Jung nicht müde wird, die Wichtigkeit des einzelnen zu betonen, indem er sagt, dass die Metánoia und damit die Wiedergeburt aus dem Geiste letztlich immer ein individuell erfahrbares Geschehen sei, so ist ihm die Dimension des Sozialen nicht etwa fremd. Zweifellos ist die Situation immer noch die, dass eine Betonung, manchmal sogar eine Überbetonung des inneren Aspektes nötig ist, um der extravertierten Menschheit ein Gegengewicht zu schaffen, dessen sie dringend bedarf.

Wenngleich der Ruf nach innen im Evangelium selbst eine Stütze findet (vgl. Lukas 10, 42), so ist dieser Zug zur »Innerung« doch nicht einfach mit dem Christlichen identisch! Mit einem gewissen Recht ist die so genannte Innerlichkeit eines weltflüchtigen, auf alle aktive Weltgestaltung verzichtenden Christentums in Misskredit geraten. Auch Jung genügt dies nicht. Das kommt zum Beispiel dort zum Ausdruck, wo er dem westlichen Menschen eine vorwiegend extravertierte, dem asiatisch-östlichen Menschen eine mehr introvertierte Grundeinstellung attestiert.[183]

Auch ist die Mission des westlichen Menschen offensichtlich eine andere als die des östlichen. Was hat demnach zu geschehen?

Es gehört wohl zu den für die Zukunft des Christentums wesentlichen Hinweisen des Begründers der Analytischen Psychologie, dass er in einem Augenblick, in dem die moderne Theologie vor allem im Protestantismus mit dem Entmythologisierungsproblem (R. Bultmann) in Anspruch genommen war, über die Weiterentwicklung des christlichen Mythus nachsann, und zwar nicht etwa im Sinne einer Remythisierung, sondern im Sinne einer Entfaltung dessen, was im Neuen Testament selbst angelegt ist. Denn – so fand Jung – im Grunde hatte es das westliche Christentum versäumt, »im Laufe der Jahrhunderte seinen Mythus weiter zu bauen. Es hat jenen, die den dunklen Wachstumsregungen der mythischen Vorstellungen Ausdruck gaben, das Gehör versagt. Ein Gioacchino da Fiore, ein Meister Eckhart, ein Jacob Boehme und viele andere sind für die Masse Dunkelmänner geblieben.«[184] Dabei haben die Genannten nicht nur ihre Erleuchtungen mitgeteilt, sondern bisweilen Impulse vermittelt – zum Beispiel Joachim von Fiore in Gestalt der bedeutsamen Drei-Zeiten-Lehre, die bis in die revolutionären Bewegungen der Neuzeit hinein nachhaltige Spuren hinterlassen hat.

Jungs Hinweis besagt, dass die esoterische Seite des Christentums fortan besonderer Beachtung bedarf. Durch äußere Aktivität der Kirchen lässt sich echte christliche Esoterik keinesfalls ersetzen. Jungs Rat lautet daher: »Die Weiterentwicklung des Mythus sollte wohl dort anknüpfen, wo der Hl. Geist sich an die Apostel austeilte und sie zu Gottessöhnen machte, und nicht nur sie, sondern alle anderen, die durch sie nach ihnen die Filiatio, die Gotteskindschaft, empfingen und damit auch der Gewissheit teilhaftig wurden, dass sie nicht nur autochthone, erdentsprossene animalia waren, sondern als ›zweimal Geborene‹ in der Gottheit selber wurzelten. Ihr sichtbares, körperliches Leben war von dieser Erde; ihr unsichtbarer innerer Mensch aber hatte seine Herkunft und seine Zukunft im Urbild der Ganzheit, im ewigen Vater, wie der Mythus der christlichen Heilsgeschichte lautet.«[185]

Wie wichtig es Jung war, hier einen Beitrag zu leisten, den wir als einen Hinweis auf die Christuswirklichkeit, das heißt auf den heute aus dem Geist heraus wirkenden Christus verstehen wollen, ist den Studien zu entnehmen, die der Psychologe dem Problemkreis des Heiligen Geistes gewidmet hat. Zu nennen ist vor allem der zuerst als Eranos-Vortrag durchgeführte »Versuch einer psychologischen Deutung des Trinitätsdogmas«.[186]

In diesen Studien, deren Vorläufigkeit, bisweilen auch Missverständlichkeit sich ihr Verfasser durchaus bewusst war,[187] kommt zweierlei zum Ausdruck: Es ist zunächst die Hochschätzung, die der Psychologe den archetypischen Gehalten des christlichen Dogmas entgegengebracht hat, das im Laufe seiner zweitausendjährigen Geschichte keineswegs ausgeschöpft werden konnte, eher immer wieder einmal verdeckt oder begrifflicher Abstrahierung anheim gegeben worden ist. Und der andere Gesichtspunkt, unter dem diese Arbeiten zu würdigen sind, ist die Bedeutung, die Jung der Symbolik des Heiligen Geistes für die zukünftige Weiterentwicklung des Christentums eingeräumt hat. Für den kirchlichen Christen mag dabei von besonderem Gewicht sein, dass Jung das christliche Dogma »in lebendigster Wechselbeziehung zur Seele (befindlich sieht), aus der es ursprünglich hervorgegangen ist«.[188]

Wer befürchten sollte, dass eine psychologische Betrachtung, wie Jung sie geübt hat, zu einer »psychologischen Auflösung« führen könnte, der verkennt, dass auf archetypischer Grundlage ruhende Symbole durch derartige Versuche keinen Schaden nehmen können. Und Jung beschäftigte sich bekanntlich unter der Voraussetzung mit religiösen Symbolen, dass er sowohl aus eigener Erfahrung wie aus ärztlicher Beobachtung von der Mächtigkeit archetypischer Wirklichkeiten überzeugt war. Dazu hat sich Jung bis zuletzt bekannt. So schreibt er in seinem letzten Lebensjahr an einen belgischen Theologen: »Genau gesagt halte ich mich für einen Christen, bin aber zugleich davon überzeugt, dass das heutige Christentum nicht die letzte Wahrheit darstellt; das beweist die chaotische Situation unserer Zeit. Der augenblickliche Zustand erscheint mir unerträglich, darum erachte ich eine grundlegende Weiterentwicklung des Christentums für absolut notwendig. Meiner Meinung nach müssten die Erkenntnisse der Psychologie des Unbewussten berücksichtigt werden [...]«[189]

Die Weiterentwicklung des Christentums, die C. G. Jung ins Auge gefasst hat und für die er anderen die Augen öffnen will, ist nicht beliebig machbar oder organisierbar, weder durch noch so gut gemeinte, längst überfällige Lehrübereinkünfte »ökumenischer« Art noch durch synodale Aktionsprogramme, weder durch Neuformulierung kirchlicher Grundordnungen noch durch ein sonstiges modernistisches Make-up, an dem viele Gefallen finden mögen. Die »gewaltige Revolution des Christentums«, die Jung meint, hat er aus einer ganz anderen Sphäre heraus erwartet, nämlich aus der Sphäre des unverfügbaren Geistes. Und sie, »die zukünftige Einwohnung des Heiligen Geistes im Menschen bedeutet soviel als eine fortschreitende Inkarnation Gottes«, so lesen wir in der umstrittenen, noch keinesfalls voll begriffenen Spätschrift »Antwort auf Hiob«.[190]

Damit stellt sich der Psychologe in den weit gespannten Erwartungshorizont der Urchristenheit, insbesondere des johanneischen Christentums, hinein. Und es ist gewiss kein Zufall, dass die Frage nach dem »unbekannten Gott des Christentums«, die Frage nach dem Heiligen Geist, seit einigen Jahrzehnten ganz neu gestellt wird, und zwar nicht nur in den sogenannten charismatischen Gruppen, die sich ohne Rücksicht auf Konfessionsgrenzen formiert haben. Unter der Führung des Geistes, der der große »Weg-Führer« in die ganze Wahrheit ist,[191] lässt er sich von dem gekommenen Christus auf den kommenden Christus hinweisen, der auf ungeahnte Weise neu Gestalt gewinnen will, eingedenk des Paulus-Wortes: Der Herr – dieser Herr – ist der Geist!

Zusammenfassung

Umrisse einer Tiefentheologie

Versuchen wir abschließend – zugleich das Gespräch eröffnend – eine knappe Antwort auf die Frage nach C. G. Jungs Weg und Wegweisung zu Christus, dann lassen sich folgende Gesichtspunkte anführen:

Wir sind in dem Begründer der Analytischen Psychologie einem Menschen begegnet, der ein Werk geschaffen hat, das vor allem hinsichtlich seines instrumentalen Charakters von Bedeutung und von praktischem Wert ist. Wir haben es mit einer Erkenntnismethode und mit einem therapeutischen Weg zu tun, der einen umfassenden, alle menschlichen Lebensbereiche einbeziehenden Integrationsprozess zum Ziel hat, die Individuation. Selbsterfahrung und Gotteserfahrung sind dabei eng aufeinander bezogen. Dennoch lässt die hohe Einschätzung des Religiösen nicht den Schluss zu, dass die Jungsche Psychologie von ihrem Ansatz her oder hinsichtlich ihrer Zielsetzung eine unmittelbare religiöse Wirksamkeit anstrebe. Als empirisch arbeitende Forschungsrichtung ist ihr ohnehin ein konsequenter Verzicht auf irgendwelche missionarische Betätigung auferlegt.

Wie diese Psychologie wichtige Voraussetzungen für eine positive Einschätzung der religiösen Wirklichkeit mitbringt, indem sie sich der Dimension des Spirituellen öffnet, so liefert die Analytische Psychologie wertvolle Elemente für eine Tiefentheologie. Wir verstehen darunter eine theologische Sichtweise, für die sich das religiöse Leben nicht allein in den nach wie vor unaufgebbaren historischen, soziologischen oder in sozialdiakonischen Aspekten erschöpft, sondern die ihr Augenmerk stets auch auf das richtet, was äußeren Ereignissen und Gegebenheiten als »wirkende Wirklichkeit« zu Grunde liegt, was die sichtbaren Gestaltungen in der Gegenwart mitbestimmt und was Zukünftiges vorbereiten hilft.

Tiefentheologie, wie sie hier gemeint ist, bedeutet demnach weder eine Preisgabe noch eine Geringschätzung alles dessen, was bisher in theologischer Forschung und Lehre errungen worden ist. Die zu begründende Tiefentheologie hätte aber eine ähnlich notwendige Ergänzungsfunktion zu erfüllen wie einst die Tiefenpsychologie auf dem Feld der Seelenforschung.

Die hierbei angewandte Metapher der »Tiefe« will sinngemäß auf jene Dimension der Wirklichkeit verweisen, die auf denkerischem Weg, auf dem Weg biblischer Textanalyse, historischer Forschung und allgemeiner theologischer Reflexion allein nicht zu erreichen ist, die sich aber seelischer Erfahrung erschließt. Geschichte und Gegenwart liefern dafür reichhaltige Belege.

Vor allem der theologisch wie tiefenpsychologisch Ungeschulte kann von einer Tiefentheologie zweierlei verlangen: einmal eine Verständnis- und Orientierungshilfe, die es ihm möglich macht, mit den Grundfragen menschlicher Existenz, mit der Frage nach dem Sinn und mit der Frage nach dem, was ihn unbedingt angeht, umzugehen. Die zweite Forderung an eine Tiefentheologie hängt damit eng zusammen; sie zielt auf Menschenführung und Lebensgestaltung hin. Das heißt, ihre vornehmliche Aufgabe wird darin bestehen, menschliches Leben im Sinne des Evangeliums wieder als »Weg«, der beschritten werden kann und soll, verständlich zu machen. Zur Deutung der Weg-Gestalt menschlichen Lebens, das sich eben nicht von selbst abrollt, sondern das um der Menschwerdung des Menschen willen zielbewusst gestaltet werden muss, ist es erforderlich, dass Wegweisung auf diesem Weg, dass Führung und Geleit gegeben werden.

In einem Augenblick, in dem in der Gesellschaft der Ruf nach einem qualitativen Mehr an Bildung immer eindringlicher erhoben wird, kommt einer Tiefentheologie eine um so größere Bedeutung zu, als sie in der Lage sein müsste, eine wesentliche integrierende Funktion zu erfüllen. Drohte einst die kirchliche

Verkündigung einer religiösen Auszehrung anheim zu fallen und ist seit langem eine einseitige Betonung platter Mitmenschlichkeit zu beobachten, so ist endlich jene Fülle der Wirklichkeit zurückzugewinnen, zu der die Tiefendimension der menschlichen Existenz ebenfalls gehört.

Kennzeichnend für die Besonderheit der Psychologie Jungs ist schließlich das Moment der religiösen Eigenerfahrung, das kein theoretisches Postulat bleibt, sondern von Anfang an im Lebensgang von C. G. Jung selbst zur Geltung gelangt ist. Bei ihm sind wir auf einen Weg religiöser Erfahrung gestoßen, der als ein individueller Weg zu Christus angesehen werden kann. Dieser Weg ist in zweifacher Weise von besonderer aktueller Bedeutung: einmal weil er in seinen wesentlichen Phasen außerhalb der institutionellen Kirche verlaufen ist und auch nicht notwendigerweise in eine bestimmte Religionsgemeinschaft einmünden muss; andererseits weil sich Jung trotz eingehender Beschäftigung und trotz intimer Kenntnis der östlich-fernöstlichen Religionswelt dem Christentum verpflichtet wusste.

In einem Augenblick, in dem die asiatische Spiritualität auf ungezählte westliche Menschen ihre Faszinationskraft ausübt, kann Jungs Haltung, vor allem seine psychologische Begründung dieser Haltung, klärend wirken und zur Selbstbesinnung auf den westlichen Weg beitragen. Und was Jungs individuellen Weg zu Christus betrifft, so kann sein persönliches Schicksal insofern als prototypisch angesprochen werden, als er das Los ungezählter Zeitgenossen teilt, die in den Religionen ihrer Väter und Mütter nicht mehr finden, was sie für die Sinngebung ihres Lebens brauchen, die aber – und sei es aufgrund einer kaum bewussten Ahnung – auf das Evangelium nicht verzichten wollen.

C. G. Jung zeigt durch sein Beispiel wie durch sein Werk, dass es eine christliche Existenz gibt, die außerhalb der bestehenden kirchlichen Organisationsformen, jedoch in voller Übereinstimmung mit dem Traditionsgut der Christenheit vollzogen werden kann, ja dass einem solchen Christentum außerhalb der verfassten

Kirche ein Lebensrecht zugesprochen werden muss. Gerade für solche Zeitgenossen hat er als Arzt und als Psychologe gewirkt, sei es, dass diese einen neuen Anschluss an die religiöse Institution fanden, der sie zeitweise entfremdet waren, sei es, dass sich in solchen Menschen wenigstens ansatzweise eine neue Zukunftsgestalt des Christlichen vorbereitet, von der wir noch wenig wissen, um die sich aber eine nach vorne blickende Tiefentheologie zu kümmern hätte. Und gerade auf das kommende, aus dem weiterwachsenden, weiterwirkenden Symbol lebende Christentum hat C. G. Jung unseren Blick gelenkt.

In ihm lebte die Überzeugung, der selbst eine wegweisende Kraft innewohnt, »dass nicht das Christentum, sondern dessen bisherige Auffassung und Interpretation in Anbetracht der heutigen Weltumstände antiquiert sind. Das christliche Symbol ist ein lebendiges Wesen, das die Keime zu weiterer Entfaltung in sich trägt. Es kann sich weiter entwickeln, und es liegt nur daran, ob wir uns dazu entschließen können, über die christlichen Voraussetzungen noch einmal und etwas gründlicher nachzudenken.«[192]

Anmerkungen

1 Zur Einführung vgl. Gerhard Wehr: C. G. Jung in Selbstzeugnissen und Bilddokumenten. Reinbek 1969; 21. Aufl. 2006 (= Rowohlt Monografie 152). Ders.: C. G. Jung und Rudolf Steiner. Konfrontation und Synopse. Klett Verlag Stuttgart 1972; 1998. Ders.: Wege zu religiöser Erfahrung. Analytische Psychologie im Dienste der Bibelauslegung. Wissenschaftliche Buchgesellschaft Darmstadt 1974 (Impulse der Forschung) und Walter Verlag Olten-Freiburg 1974. – Deidre Bair: C. G. Jung. Biographie. München 2003. Gerhard Wehr: C. G. Jung Leben, Werk und Wirkung. 2. erw. Auflage. Telesma Verlag Schwielowsee 2009.

2 S. Freud: Ges. Werke XIV; Studienausgabe Bd. 9; Fischerbücherei 851.

3 Eckart Wiesenhütter: Religion und Tiefenpsychologie. Gütersloh 1977, 6-10 (GTB 230).

4 Jetzt in der Neufassung: Symbole der Wandlung. Zürich 1952, VIII.

5 Ursprünglich in: Naturerklärung und Psyche. Studien aus dem C. G. Jung-Institut Bd. IV; jetzt in C. G. Jung: Ges. Werke 1, 475 ff. ; vgl. auch Ernst Anrich: Die Einheit der Wirklichkeit. Moderne Physik und Tiefenpsychologie. Fellbach 1980; Marie-Louise von Franz: Zahl und Zeit. Stuttgart 1970.

6 Der Gegensatz Freud und Jung (1929), in: C. G. Jung: Ges. Werke 4, 391.

7 Zitiert nach Georg Gerster: Eine Stunde mit [...] Frankfurt 1956, 18.

8 Jutta von Graevenitz (Hrsg.): Bedeutung und Deutung des Traumes in der Psychotherapie. Darmstadt 1968 (Wege der Forschung CV), 2.

9 Ges. Werke 11, 362.

10 Viktor E. Frankl: Der Mensch auf der Suche nach dem Sinn. Freiburg 1972, 74 (Herderbücherei 430).

11 Balthasar Staehelin: Haben und Sein. Vom Wesen der zweiten Wirklichkeit, der Natur jedes Menschen. Hamburg 1972, 177. Ders.: Das Unzerstörbare in der Selbsterfahrung, in: Bewusstseinserweiterung durch Meditation. Freiburg 1973, S. 56 ff. Ferner Hanna Wolff: Jesus als Psychotherapeut. Jesu Menschenbehandlung als Modell moderner Psychotherapie. Stuttgart 1978.

12 Rudolf Daur, in: Wilhelm Bitter (Hrsg.): Psychotherapie und religiöse Erfahrung. Stuttgart 1965, 9 ff.

13 Karl Rahner: Pastoraltheologische Maximen christlicher Verkündigung an den Ungläubigen von heute, in: Concilium 3. 1967, 212.

14 Norbert Greinacher: Der Glaube wird anders, in: Werner Harenberg (Hrsg.): Was glauben die Deutschen. München – Mainz 1968.

15 Helmut Barz: Fragen der Tiefenpsychologie an die Kirche, in: H. J. Schultz (Hrsg.): Was weiß man von der Seele? Stuttgart 1967, 194.

16 C. G. Jung: Psychologie und Alchemie. Zürich 1952. 24; Ges. Werke 12.

17 A. a. O. 27 und 29.
18 Gerhard Wehr: Gnosis, Gral und Rosenkreuz. Köln 2007. Ders.: Die deutsche Mystik. Leben und Inspiration. Anaconda Verlag 2006. Ders.: Christliche Mystiker. Von Paulus und Johannes bis S. Weil und Dag Hammarskjöld. Pustet Verlag Regensburg 2008.
19 C. G. Jung: Erinnerungen, Träume, Gedanken. Aufgezeichnet und herausgegeben von Aniela Jaffé. Zürich 1963, 19.
20 A. a. O. 20.
21 A. a. O. 48.
22 Ges. Werke 4, 363 f.
23 Erinnerungen, Träume, Gedanken, 80.
24 A. a. O. 98.
25 Walter Bernet: Inhalt und Grenzen der religiösen Erfahrung. Bern 1952.
26 Vgl. Erinnerungen, Träume, Gedanken, 97 ff.
27 Briefe II 1946-1955, 495.
28 Erinnerungen, Träume, Gedanken, 99.
29 Gerhard Wehr: Wege zu religiöser Erfahrung. Analytische Psychologie im Dienste der Bibelauslegung. Wissenschaftliche Buchgesellschaft Darmstadt, Walter Verlag Olten – Freiburg 1974.
30 Erinnerungen, Träume, Gedanken, 47.
31 Briefe II, 114.
32 Briefe I, 278 f.
33 Briefe II, 495
34 Vgl. Brief an Walter Uhsadel, in: Briefe I, 278.
35 Briefe I, 437.
36 Zur Frage der Innenerfahrung des Apostels Paulus vgl. Gerhard Wehr: Gnosis, Gral und Rosenkreuz. Köln 2007
37 Erinnerungen, Träume, Gedanken, 203; vgl. die Kapitel: Die Auseinandersetzung mit dem Unbewussten, a. a. O. 174ff. , und: Zur Entstehung des Werks, a. a. O. 204ff.
38 Vgl. den Briefwechsel zwischen Sigmund Freud und C. G. Jung, hrsg. von William McGuire und Wolfgang Sauerländer. Frankfurt/Main 1974.
39 A. a. O. 5.
40 Symbole der Wandlung. Zürich 1952, VIII, Ges. Werke 5
41 Allgemeine Aspekte der Psychoanalyse, in: Ges. Werke 4, 269.
42 Von den Wurzeln des Bewusstseins. Zürich 1954, 423 f.
43 A. a. O. 332.
44 Zur Bibelstelle vgl. Gerhard Wehr: Wege zu religiöser Erfahrung, 82-87.
45 A. a. O. 113-119.

46 Liliane Frey-Rohn: Von Freud zu Jung (Studien aus dem C. G. Jung-Institut Zürich XIX). Zürich 1969, 238.
47 Symbole der Wandlung, 382.
48 Wandlungen und Symbole der Libido, zit. bei F. Frey-Rohn, a. a. O. 239.
49 Briefe I, 186 f.
50 Erinnerungen, Träume, Gedanken, 171.
51 Franz Mussner: Die johanneische Sehweise. Freiburg 1965. – Über das johanneische Christentum vgl. Gerhard Wehr: Esoterisches Christentum. Stuttgart 1975, 41 ff., jetzt:
52 Zum Gnosis-Verdacht vgl. Gerhard Wehr: C. G. Jung und Rudolf Steiner. Klett Verlag Stuttgart 1972, 216 ff. – Ferner Gilles Quispel: C. G. Jung und die Gnosis, in: Eranos Jahrbuch 37. 1968, 277 ff.
53 Erinnerungen, Träume, Gedanken, 204.
54 Basler Seminar 1934. Privatdruck Basel 1935, 84, zit. bei Jolande Jacobi: Psychologische Betrachtungen. Zürich 1945, 386.
55 Erinnerungen, Träume, Gedanken, 213.
56 Anlässlich einer Wochenendtagung der Gemeinschaft »Arzt und Seelsorger« (jetzt: Internationale Gesellschaft für Tiefenpsychologie), die im Herbst 1958 in Zürich stattfand, grenzte sich Jung gegen die Pseudo-Esoterik ab, vgl. Wilhelm Bitter (Hrsg.): Gut und Böse in der Psychotherapie. Stuttgart 1966, 43 f.
57 Briefe II, 338 f.
58 Vgl. besonders Irmgard Buck (Hrsg.): Der Trug der Drogen. Hamburg – München 1974. Manfred Josuttis; Hanscarl Leuner (Hrsg.): Religion und Droge. Stuttgart 1972. Michael Mildenberger: Die religiöse Revolte. Jugend zwischen Flucht und Aufbruch. Frankfurt 1979.
59 Anders leben, hrsg. von Herbert A. Gornik. Christliche Gruppen in Selbstdarstellungen. Gütersloh 1979 (GTB 344).
60 Gerhard Wehr: Wege zu religiöser Erfahrung. Olten/Freiburg 1974, 32 ff.
61 C. Heitmann, H. Mühlen (Hrsg.): Erfahrung und Theologie des Heiligen Geistes. Hamburg – München 1974. – Otto A. Dilschneider: Geist als Vollender des Glaubens. Gütersloh 1978 (GTB 270). – Ders. (Hrsg.): Theologie des Geistes. Gütersloh 1980.
62 Erinnerungen, Träume, Gedanken, 6.
63 Symbolik des Geistes. Studien über psychische Phänomenologie. Zürich 1953, 375.
64 Jakob Böhme: Christosophia. Ein christlicher Einweihungsweg, hrsg. und kommentiert von Gerhard Wehr. Insel Verlag Frankfurt 1992.
65 Jakob Böhme: Theosophische Sendbriefe 12, 6 f.; Neuausg. Aurum Freiburg 1979. – Zur Einführung vgl. Gerhard Wehr: Jakob Böhme, der Geisteslehrer und Seelenführer. Aurum Verlag Freiburg 1979 (Fermenta cognitionis Band 4).

66 Briefe II, 108.

67 Vgl. den zitierten Brief an W. Uhsadel, in: Briefe I, 278 f.

68 Karlfried Graf Dürckheim: Überweltliches Leben in der Welt. Der Sinn der Mündigkeit. Weilheim 1968, 77.

69 Gerhard Wehr: Wege zu religiöser Erfahrung, 98 ff.

70 Johannes B. Lotz: Auf dem Wege zum personalen Transzendenten, in: Transzendenz als Erfahrung. Festschrift für Graf Dürckheim. Weilheim 1966, 249.

71 Brief vom 21. Oktober 1960, in: Briefe III, 354.

72 Gerhard Zacharias: Psyche und Mysterium. Zürich 1954, 32 f. Vgl. auch Johannes Tenzler: Selbstfindung und Gotteserfahrung. München-Paderborn 1975

73 Psychologie und Alchemie. Zürich 1952, 23.

74 C. G. Jung-Richard Wilhelm: Das Geheimnis der Goldenen Blüte, zit. bei G. Zacharias, a. a. O. 33.

75 Ulrich Mann: Einführung in die Religionspsychologie. Darmstadt 1973, 77 und 89 Vgl. ders.: Tragik und Psyche. Stuttgart 1981.

76 Augustinus: Soliloquia – Selbstgespräche, 7, 1.

77 Aion. Untersuchungen zur Symbolgeschichte. Zürich 1951, 65.

78 A. a. O. 64.

79 Psychologie und Alchemie, 27 f.

80 Über den indischen Heiligen, in: Ges. Werke 11, 626.

81 Aniela Jaffé: Der Mythus vom Sinn im Werk von C. G. Jung. Zürich 1967, 52.

82 Psychologie und Religion, in: Ges. Werke 11, 89.

83 Briefe 1,107. – Vgl. auch Gebhard Frei, in: Victor White: Gott und das Unbewusste. Zürich 1956, 323 ff.

84 Aion, 263 f.

85 Briefe III, 299 (Hervorhebungen: GW).

86 Balthasar Staehelin: Haben und Sein. Vom Wesen der zweiten Wirklichkeit Hamburg, 171 und 177. Vgl. ders.: Der psychosomatische Christus. Schaffhausen 1981.

87 Ausführlicher bei Gerhard Wehr: Gnosis, Gral und Rosenkreuz. Köln 2007.

88 Paul Tülich: Seelsorge und Psychologie, in: Tillich: Gesammelte Werke VIII, 335. – Gerhard Wehr: Paul Tillich zur Einführung. Hamburg 1998.

89 A. a. O. 332.

90 Vgl. auch die von K. Barth und R. Bultmann erörterte Problematik, z. B. Rudolf Bultmann: Welchen Sinn hat es, von Gott zu reden? (1925), in: Bultmann: Glauben und Verstehen. Gesammelte Aufsätze Tübingen 1958, Bd. I, 26-37.

91 Ulrich Mann: Theogonische Tage. Stuttgart 1970, 126; ferner ders.: Die Religion in den Religionen. Stuttgart 1975 (Edition Alpha).

92 Otto Dilschneider: Ich glaube an den Heiligen Geist. Wuppertal 1969. – Zur 2. Petrusbrief-Stelle vgl. W. Stählin: Predigthilfen. Kassel 1968, Bd. II, 422 ff.

93 Vgl. Gerhard Wehr: Esoterisches Christentum. Stuttgart 1975, 106-227.

94 Die fraglichen Texte sind neu zugänglich gemacht in der Freiburger Studienausgabe der Werke Jakob Böhmes, u. a. Christosophia (1975; 1979); Aurora oder Die Morgenröte im Aufgang (1977), jetzt Insel-Verlag Frankfurt

95 Jakob Böhme: Zweite Schutzschrift wider B. Tilken (1621), §§297-299.

96 Joachim Scharfenberg: Sigmund Freud und seine Religionskritik als Herausforderung für den christlichen Glauben. Göttingen 1968, 18 f.

97 Wilhelm Knevels: Die Wirklichkeit Gottes. Ein Weg zur Überwindung der Orthodoxie und des Existenzialismus. Stuttgart 1964, 20.

98 Paul Tillich: Systematische Theologie. Stuttgart 1955, Bd. 1,135.

99 Über Seelen- und Geistesforschung als Praeambulum fidei vgl. Gerhard Wehr: C. G. Jung und Rudolf Steiner. Stuttgart 1972, 235 ff.

100 Karl Barth: Das Wort Gottes als Aufgabe der Theologie (1922), in: Anfänge der dialektischen Theologie, hrsg. von J. Moltmann, Teil I, München 1966, 199.

101 Erinnerungen, Träume, Gedanken, 213.

102 Über die Psychologie des Unbewussten, in: Ges. Werke 7, 49.

103 Alfonse Maeder: Sendung und Auftrag des Arztes. Zürich 1952, 16 f.

104 Ges. Werke 7, 88.

105 A. a. O.

106 Vgl. Hans Dieckmann: Träume als Sprache der Seele. Einführung in die Traumdeutung der Analytischen Psychologie C. G. Jungs. Stuttgart 1972, 210 ff. -Vgl. Helmut Hark: Der Traum als Gottes vergessene Sprache. Symbolpsychologische Deutung. Olten 1982, Neuherausgabe bei opus magnum. – C. A. Meier: Die Bedeutung des Traumes. Olten-Freiburg 1966, 141 ff.

107 Vgl. Wilhelm Bitter: Analytische Psychotherapie und Religion, in: Transzendenz als Erfahrung. Festschrift für Graf Dürckheim. Weilheim 1966, 141 ff.

108 Symbole der Wandlung. Zürich 1952, VIII, Ges. Werke 5.

109 Dieter Wyss: Die tiefenpsychologischen Schulen von den Anfängen bis zur Gegenwart. 2. Aufl. Göttingen 1966. – Liliane Frey-Rohn: Von Freud zu Jung. Zürich 1969.

110 Sigmund Freud: Ges. Werke V, 118.

111 Dieter Wyss, a. a. O. 49f.

112 Über die Psychologie des Unbewussten, in: Ges. Werke 7, 30.

113 Yorick Spiegel (Hrsg.): Psychoanalytische Interpretationen biblischer Texte. München 1972, 10 f. – Neuerdings ders.: Doppeldeutlich. Tiefendimensionen biblischer Texte. München 1978. Vgl. ferner Maria Kassel: Biblische Urbilder. Tiefenpsychologische Auslegung nach C. G. Jung. München 1980. – Eugen Drewermann: Tiefenpsychologie und Exegese. Bd. I/II, Walter Olten 1984. – Dorothee Sölle: Die Hinreise. Zur religiösen Erfahrung. Stuttgart 1975.

114 Über Energetik der Seele, in: Ges. Werke 8, 20.
115 Vgl. L. Frey-Rohn, a. a. O. 230.
116 Ges. Werke 8, 60.
117 Ulrich Mann, in: Luther'sche Monatshefte, 13. Jahrg. 1974, Nr. 11, S. 599.
118 Der Gegensatz Freud und Jung, in: Ges. Werke 4, 391.
119 Wilhelm Stählin: Was ist ein Symbol, in: W. Stählin: Wissen und Weisheit. Symbolon 3. Folge. Stuttgart 1973, 109 – Vgl. die perspektivenreiche symbolkundliche Darstellung von Herbert Kessler: Das offenbare Geheimnis. Das Symbol als Wegweiser in das Unerforschliche und als angewandte Urkraft für die Lebensgestaltung. Freiburg 1977.
120 Die Struktur des Unbewussten, in: Ges. Werke 7, 326.
121 A. a. O. 327. – Vgl. auch Helmut Hark: Religiöse Traumsymbolik. Die Bedeutun der religiösen Traumsymbolik für die religiöse Erfahrung. Frankfurt 1980.
122 Gerhard Wehr: Wege zu religiöser Erfahrung, 47-58.
123 Walter Grundmann: Das Evangelium nach Lukas. Theologischer Handkommentar zum Neuen Testament Bd. 3. Berlin-Ost 1969, 98.
124 Adolf Schlatter: Das Evangelium nach Lukas aus seinen Quellen erklärt. Stuttgart 1931, 193 f.
125 Zur Entwicklung des Archetypus-Begriffs bei Jung vgl. Jolande Jacobi: Komplex, Archetypus, Symbol in der Psychologie C. G. Jungs. Zürich 1957, 38 ff.
126 Symbolik des Geistes. Zürich 1953, 374.
127 C. G. Jung im Vorwort zu Esther Harding: Frauen-Mysterien einst und jetzt. Zürich 1949, VIII f.
128 Über den qualitativen Unterschied zwischen Furcht und Angst schreibt Paul Tillich in: Symbol und Wirklichkeit (Kleine Vandenhoeck-Reihe 151), Göttingen 1966, 18: »Furcht hat einen Gegenstand, Angst hat ihn nicht. Aber wir müssen noch einen Schritt weitergehen. Angst ist ihrem Wesen nach fundamentaler als Furcht, denn die Furcht als Furcht vor etwas Bestimmtem wurzelt letztlich in der Tatsache, dass wir als endliche Wesen der Vernichtung preisgegeben sind, dem Sieg des Nichtseins in uns. Darum ist die Angst der Endlichkeit die Wurzel der Furcht...« – Aus psychoanalytischer Perspektive u. a. Oskar Pfister: Das Christentum und die Angst. Zürich 1944; Olten – Freiburg 1975.
129 Symbolik des Geistes, 385. – Zum Jakob-Thema vor allem H. Hark: Der Traum als Gottes vergessene Sprache. Olten 1982.
130 A. a. O. 385f.
131 Vgl. Gerhard Wehr: Wege zu religiöser Erfahrung, 131 ff.
132 Walter Nigg: Das ewige Reich. Geschichte einer Hoffnung. Zürich 1954 und Siebenstern-Taschenbuch 105/106. – Norman Cohn: Das neue irdische Paradies. Reinbeck 1988.

133 Gerhard Wehr: Esoterisches Christentum, 160 ff. – Ders.: Thomas Müntzer in Selbstzeugnissen und Bilddokumenten. Reinbek 1972 (Rowohlt Monografien rm 188). – Thomas Müntzer: Schriften und Briefe, hrsg. von G. Wehr. Gütersloh 1978 (GTB 418).
134 Briefe II, 102 f.
135 Marie-Louise von Franz: Kommentar zu Medea, in: Das Böse. Dokumente und Interpretationen, hrsg. von Gerhard Zacharias. München 1972, 28 f. – Vgl. Irene Beck: Das Problem des Bösen und seiner Bewältigung. Eine Auseinandersetzung mit der Tiefenpsychologie von C. G. Jung vom Standpunkt der Theologie und Religionspädagogik. München – Basel 1976.
136 Psychologie und Alchemie, 53.
137 Von den Wurzeln des Bewusstseins. Studien über den Archetypus. Zürich 1954, 370.
138 Psychologie und Religion, in: Ges. Werke 11, 85.
139 Psychologie und Alchemie, 54.
140 Vgl. Gerhard Wehr: Wege zu religiöser Erfahrung, 101 ff.
141 Ges. Werke 16, 248 f.
142 Ulrich Mann: Einführung in die Religionspsychologie. Darmstadt 1973, 142.
143 Belege bei Ernst Benz: Adam. Der Mythus vom Urmenschen. München-Planegg 1955. Ders.: Der vollkommene Mensch nach Jacob Boehme. Stuttgart (1937) 2009.
144 Von den Wurzeln des Bewusstseins. Zürich 1954, 62.
145 A. a. O. 66.
146 Walter Nigg: Drei große Zeichen. Elias, Hiob, Sophia. Olten 1972. Ernst Benz: Sophia. Visionen des Westens, in: The Ecumenical World of Orthodox Civilisation, vol. III, ed. Andrea Blane. Mouton 1973,121-138. – Alfons Rosenberg: Die Erhebung des Weiblichen. Ordnung und Aufstand der Frau in unserer Zeit. Olten-Freiburg 1959. – Kurt Lüthi: Gottes neue Eva. Wandlungen des Weiblichen. Stuttgart 1978. – Zur Androgyn-Problematik: Gerhard Wehr: Der Urmensch und der Mensch der Zukunft. Das Mysterium männlich-weiblicher Ganzheit im Lichte der Anthroposophie Rudolf Steiners. Freiburg 1979. – Sukie Colegrave: Yin und Yang. Die Kräfte des Weiblichen und des Männlichen. München 1980. – Carolyn G. Heilbrun: Towards Androgyny. Aspects of Male and Female in Literature. London: V. Gollancz 1973. – June Singer: The Age of Androgyny, in: Quadrant. Journal of the C. G. Jung Foundation for Analytical Psychology. Vol 8, No. 2 (Winter 1975), 79-95. – June Singer: Nur Frau – nur Mann? München 1981. Gerhard Wehr: Heilige Hochzeit. Symbol und Erfahrung menschlicher Reife. Edition Pleroma, Frankfurt 2008
147 Gerhard Wehr: Esoterisches Christentum, 45 f.
148 Antwort auf Hiob, in: Ges. Werke 11, 503.

149 A. a. O. 426.

150 A. a. O. 427.

151 Gert Hummel: Theologische Anthropologie und die Wirklichkeit der Psyche. Darmstadt 1972, 508.

152 Antwort auf Hiob, in: Ges. Werke 11, 506.

153 Vgl. Helmut Barz: Sexus, christlicher Glaube und Tiefenpsychologie, in: P. M. Pflüger (Hrsg.): Tiefenpsychologische Ansätze zur Theologie. Fellbach/Oeffingen 1975, 17-40.

154 Hierzu vor allem die Arbeiten Jungs in Ges. Werke 16.

155 Friedrich Rittelmeyer: Meditation (1928); Stuttgart 1948, 83. – Gerhard Wehr: Friedrich Rittelmeyer. Sein Leben – Religiöse Erneuerung als Brückenschlag. Stuttgart 1998.

156 Die Lebenswende, in: Ges. Werke 8, 451. Vgl. Hans Dieckmann: Probleme der Lebensmitte (Psychologisch gesehen 8). Stuttgart 1968.

157 Ges. Werke 1, 455 f. – James Hillman: Vom Sinn des langen Lebens. München 2000. – Gerhard Wehr: Unterwegs zu sich selbst. Regensburg 2009.

158 Gustav Richard Heyer: Praktische Seelenheilkunde (Geist und Psyche 2031). München o. J. , 110.

159 Antwort auf Hiob, in: Ges. Werke 11, 449.

160 Aion. Zürich 1951, 264.

161 Gerhard Wehr: Wege zu religiöser Erfahrung. Darmstadt und Olten-Freiburg 1974. – Jetzt vor allem: Eugen Drewermann: Tiefenpsychologie und Exegese. Olten Walter 1984 f.

162 Peter Michael Pflüger (Hrsg.): Tiefenpsychologische Ansätze zur Theologie. Stuttgart 1975. Yorick Spiegel (Hrsg.): Doppeldeutlich. Tiefendimensionen biblischer Texte. München 1978. – Vgl. Rezension von Eckart Nase, in: Wege zum Menschen 32. Jahrg. 1980, Heft 8/9, 376 ff. – Maria Kassel: Biblische Urbilder. Tiefenpsychologische Auslegung nach C. G. Jung. München 1980. Vorwiegend ältere, aus dem Bereich der Psychoanalyse kommende Studien sind aufgeführt bei Y. Spiegel (Hrsg.): Psychoanalytische Interpretation biblischer Texte. München 1972. – John Sanford: Das Johannes-Evangelium. Eine tiefenpsychologische Auslegung. I/II, München 1997.

163 Otto Wolff: C. G. Jungs Antwort auf Hiob, in: Dialog über den Menschen. Festschrift Wilhelm Bitter, hrsg. von Gerhard Zacharias. Stuttgart 1968, 162.

164 Symbolik des Geistes, 385 f.

165 Über Jung als christlichen Esoteriker vgl. Gerhard Wehr: Esoterisches Christentum. Stuttgart 1975, 260 ff.

166 Gilles Quispel: Gnosis als Weltreligion. Zürich 1951, 49. Hans Jonas; Gnosis. Die Botschaft des fremden Gottes. Frankfurt 1999. – Christoph Markschies: Die Gnosis. München 2001

167 Beziehungen zwischen dem Ich und dem Unbewussten, in: Ges. Werke 7, 262.
168 Psychologische Typen, in: Ges. Werke 6.
169 Georg Koepgen: Die Gnosis des Christentums (1939); 3. Aufl. mit einem Nachwort von Adolf Heuser, Trier 1978. Gerhard Wehr: C. G. Jung und Rudolf Steiner. Stuttgart 1972, 216-224. Ders.: Esoterisches Christentum 74-94. Hans Urs von Balthasar: Aktualität der Gnosis, in: Was heißt Wiederkunft Christi. Freiburg 1972, 42 ff.
170 Mysterium Coniunctionis, in: Ges. Werke 14, II, 133.
171 Gilles Quispel: Gnosis als Weltreligion (1951), 2. Aufl. Zürich 1972,76. Alfons Rosenberg: Das Experiment Christentum. München 1969, 164 ff.
172 Gerhard Wehr: Christusimpuls und Menschenbild. Rudolf Steiners Beitrag zur Erweiterung des religiösen Bewusstseins. Freiburg 1974, 94 ff. Ders.: Esoterisches Christentum, 132ff, 192ff. Ders.: Rudolf Steiner als christlicher Esoteriker. Freiburg 1978 (Fermenta cognitionis 2). Ders.: Rudolf Steiner. Biografie. Aurum Verlag Freiburg 1982; erweitert München 1987.
173 Erinnerungen, Träume, Gedanken, 204 ff.
174 U. a. Alexander von Bernus: Alchymie und Heilkunst, 3. Aufl. Nürnberg 1969.
175 Vgl. auch Kurt Martis Gedanken zum Verhältnis von Hl. Geist und Materialismus, in: D. Sölle und K. Schmidt (Hrsg.): Christentum und Sozialismus. Stuttgart 1974, 36 ff.
176 Jakob Böhme: Aurora oder die Morgenröte im Aufgang 1,1 (1612); hrsg. und kommentiert von Gerhard Wehr. Fankfurt Insel TB. 1411, 1992. – Gerhard Wehr: Jakob Böhme, der Geisteslehrer und Seelenführer. Freiburg 1979 (Fermenta cognitionis 4).
177 U. a. Ernst Bloch: Das Prinzip Hoffnung. Frankfurt/Main 1959, 833f.; 1006f. u. a. – Ders.: Vorlesungen zur Philosophie der Renaissance. Frankfurt 1972, 69 ff.
178 Friedrich Engels: Die Entwicklung des Sozialismus von der Utopie zur Wissenschaft, in: Marx-Engels: Ausgewählte Werke. Berlin-Ost 1958, II, 87.
179 Psychologie und Alchemie. Zürich 1952, 58.
180 C. G. Jung / Wolfgang Pauli: Naturerklärung und Psyche. Zürich 1952. – Marie-Louise von Franz: Symbole des Unus Mundus, in: Dialog über den Menschen. Festschrift für Wilhelm Bitter, hrsg. von G. Zacharias. Stuttgart 1968, 231-253. Dieselbe: Zahl und Zeit. Psychologische Überlegungen zu einer Annäherung von Tiefenpsychologie und Physik. Stuttgart 1970. – Aniela Jaffé: Aus Leben und Werkstatt von C. G. Jung. Zürich 1968. Dieselbe: Aus C. G. Jungs Welt. Zürich 1979. – Der Unwahrscheinliche Jung. Beiträge zum 100. Geburtstag von C. G. Jung, hrsg. vom Psychologischen Club Zürich. Zürich 1977. – Ernst Anrich: Die Einheit der Wirklichkeit. Moderne Physik und Tiefenpsychologie. Fellbach 1980.

181 Gegenwart und Zukunft. Zürich 1957 und 1964, 67 f.

182 A. a. O. 31.

183 Erinnerungen, Träume, Gedanken, 320. Vgl. Hans Jürgen Baden: Institution und Innerlichkeit, in: Herderbücherei. Initiative 42, hrsg. von G. K. Kaltenbrunner. Freiburg 1981, 86 ff.
Über Jungs Stellung zum geistigen West-Ost-Problem vgl. Gerhard Wehr: C. G. Jung und Rudolf Steiner. Stuttgart 1972, 193-215.

184 Erinnerungen, Träume, Gedanken, 334. Über die Selbstwerdung als Aufgabe in menschheitlicher Sicht vgl. Gerhard Wehr: Unterwegs zu sich selbst. Regensburg 2009.

185 A. a. O. 335f.

186 Jetzt in: Symbolik des Geistes, in: Ges. Werke 11.

187 Vgl. a. a. O. Jungs Einführung.

188 Ges. Werke 11, 123.

189 Briefe III, 322 f.

190 Ges. Werke 11, 463.

191 Gerhard Wehr: Wege zu religiöser Erfahrung, 67 ff. – Besonders Paul Schütz: Parusia, in: Freiheit – Hoffnung – Prophetie. Ges. Werke III, Hamburg 1963, 89 ff.

192 Gegenwart und Zukunft. Zürich 1964, 40.
Über Umrisse einer künftigen Christenheit vgl. Alfons Rosenberg: Das Experiment Christentum. München 1969.